公益財団法人ドイツ語学文学振興会　編

独検 過去問題集

2024年版

5級 4級 3級

ikubundo

この問題集の音声は，下記の郁文堂のホームページよりダウンロードすることができます。

https://www.ikubundo.com/related/101

01　本文中のこのマークは音声収録箇所を示しています。数字は頭出しの番号です。

CD は別売となります（2 枚組 / 本体価格 2,000 円 / 送料別）。ご希望の場合は，下記郁文堂営業部までご注文をいただけますよう，お願いいたします。

【郁文堂営業部】

Mail: info@ikubundo.com

Tel: 03-3814-5571 Fax: 03-3814-5576

お問い合わせフォーム：https://www.ikubundo.com/contact

まえがき

――ドイツ語技能検定試験に挑まれる皆さまへ――

日本国の国際的な地位が低下していると言われます。たしかに，20世紀の終わり頃までは，日系企業が世界中のいたるところに見られました。ドイツでも，自動車，家電品，カメラ，時計など，さまざまな分野において，日本の会社のロゴが頻繁に目につきました。ベルリンの中心地 Potsdamer Platz に聳え立つ富士山型の Sony Center はそんな日本繁栄の象徴のように見えました。21世紀も20年代に入った今，ドイツでは日系企業の看板はほとんど見られず，街を走る日本車もめっきり少なくなりました。わが国の国内総生産（GDP）がドイツにも抜かれて世界4位に後退したというニュースも，そうした「日本衰退」を裏付ける情報として伝わってきています。実業面での日本の国力衰退は，紛れもない事実と言えるでしょう。

しかし，日本という国の「国際的な地位」は本当に低下しているのでしょうか？ドイツの街をもっとよく見るなら，「日本」が以前よりも広く，深く受け止められている場面を目にすることもできます。たとえば，日本食レストランは，数年前と比べてもずいぶん増えてきています。Sushi がメインですが，それだけでなく，Ramen，Karaage，Onigiri などの看板もよく目にするようになりました。飲み物も，以前から料理やお菓子にも使われている Matcha だけではなく，Sencha，Gyokuro などもスーパーに並んでいます。

食文化だけではありません。どこの書店に行っても，Manga のコーナーはかなりのスペースが割かれており，„Naruto“ や „One Piece“，„Dragon Ball“ はもとより，Osamu Tezuka，Katsuhiro Otomo といった古典的な作家から，リアルタイムで現在の作品まで，大きな書店から駅の売店まで売られています。Pokémon や Super Mario はゲームや映画も含めて大人気で，知らない子どもはほとんどいないでしょう。アニメ映画でも，Hayao Miyazaki や Makoto Shinkai の新作は連日映画館がほぼ満員になります。さらには，禅文化や日本のライフスタイルに対する関心も高まっており，瞑想教室に通う人も増えていますし，関連する書籍や雑誌等もよく目にするようになりました。また，現代美術や演劇，音楽などの芸術分野でドイツで高い評価を得る人も増えています。

こうした「日本文化の流行」は，単なるモードやファッションではありません。しかもそれは，ドイツだけでなく，全ヨーロッパ，さらには世界規模で広がってきているものです。「日本」に対する関心と期待は，むしろかつてないほど高まってきていると言えるでしょう。それは，時代の要請とも言えるものです。「なんとなく，パッとしない」というのが，多くの日本人の自国イメージかもしれませんが，実はそんなことはありません。国家レベルから家計レベルまで経済的な困難と不安が続き，戦争もつねに起こり続けている現在の世界において，深刻な戦争状態に陥ることもなく平和を維持し，魅力的な食文化を持ち，古典文化からポップカルチャーまで発信し続けている日本は，大いに讃嘆と期待に値する文化圏なのです。

ドイツで活躍する日本人が増えている分野もあります。音楽をはじめとする芸術分野がそうです。たとえばピアノを習っている子どもが非常に多く，しかもその技量もかなりのレベルに達することでも知られる日本ですが，音大を出ても日本国内での（音楽家としての）就職は難しいのが現状です。その点，ドイツの楽団や劇場の数は世界でもトップクラスですから，仕事を得られるチャンスもより多くあります。日本を含む東アジアの青少年は，小さい頃から真面目に鍛錬を積む教育を受けてきた人も多く，安定した実力もあり，ドイツはじめヨーロッパで仕事が得られている人も多いようです。

ドイツ語を学んでいる日本語話者の方々には，そういった「日本文化への期待と可能性」に応えていくことのできるチャンスがあります。別に，お寿司屋さんにならなくても，漫画家や音楽家にならなくても（なれれば素晴らしいですが）いいのです。普通に日本文化について日常的なことを知っているだけでも，ドイツの人々は関心を持ってくれます。ぜひ，日本に旅行にいらっしゃったドイツ語圏の方たちに，あるいはドイツに出かけて行って，ドイツ語で話しかけてみてください。そして，「日本文化」について，ご自身が感じていること，知っていることを，発信してみてください。それに対して人々が，思いがけないほど深く，面白く，嬉しい反応をしてくれることがきっとあるでしょう。そんな場面から，日本の国際的地位も本当の意味で高まり，皆さんの人生自体も豊かになっていくことでしょう。

2024年　春

公益財団法人ドイツ語学文学振興会
理事長　粂川 麻里生

目　　次

5級

5級 (Elementarstufe) 検定基準

■初歩的なドイツ語を理解し，日常生活でよく使われる簡単な表現や文が運用できる。

■挨拶の表現が適切に使える。自分や他人を簡単に紹介することができる。
広告やパンフレットなどの短い文の中心的な内容が理解できる。
必要に応じて簡単な数字やキーワードを書き取ることができる。

■対象は，ドイツ語の授業を約30時間（90分授業で20回）以上受講しているか，これと同じ程度の学習経験のある人。

2023 年度 夏期 ドイツ語技能検定試験
5 級
筆記試験　問題
（試験時間　40 分）

出題は新しい正書法（単語のつづり方などに関する規則）に従います。解答は新旧いずれの方式でも認めます。

——注　意——

■受験票と机の上の受験番号が同じであることを確認してください。
■携帯電話，スマートフォン，スマートウォッチ等の電子機器類は電源を切り，カバン等にしまってください。机の上に置いてはいけません。
■中途退場は認めません。退場は試験放棄となります。

①問題冊子は試験開始の合図があるまで，開いてはいけません。
②問題冊子は表紙・裏表紙を含めて 8 ページあります。
　余白は下書き・メモ用に使ってかまいません。
③試験監督者の指示に従って，解答用紙の所定の欄に，受験番号・氏名を記入してください。
④解答は黒の HB の鉛筆で強めに記入してください。
　書き直す場合には，消しゴムできれいに消してから記入してください。
⑤**解答はすべて解答用紙の指定された箇所に記入してください。**
⑥記入する数字は，下記の見本に従って書いてください。

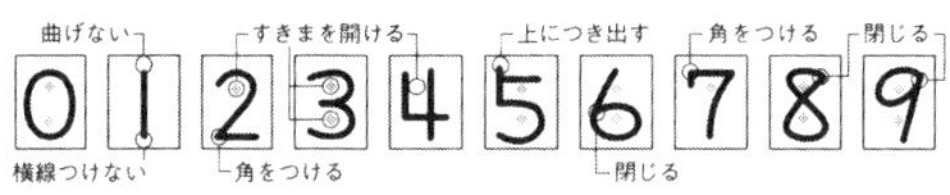

■試験が終わっても，指示があるまで席を立たないでください。
■解答用紙は持ち帰ってはいけません。
■この問題冊子の無断転載，無断複製を禁じます。

1

次の文で空欄（ **a** ）～（ **d** ）の中に入れるのに最も適切な動詞の形を，下の **1** ～ **3** から選び，その番号を解答欄に記入しなさい。

Das（ **a** ）mein Freund. Er（ **b** ）Anton. Er（ **c** ）Klavier. Wir（ **d** ）heute zusammen ins Konzert.

(a)	**1** bin	**2** ist	**3** sind
(b)	**1** heiße	**2** heißen	**3** heißt
(c)	**1** spiele	**2** spielen	**3** spielt
(d)	**1** gehe	**2** gehen	**3** geht

2

次の **(1)** ～ **(3)** の文で（　　）の中に入れるのに最も適切なものを，下の **1** ～ **4** から選び，その番号を解答欄に記入しなさい。

(1) Das Fahrrad ist schön. Ich kaufe (　　).
1 er　**2** es　**3** ihn　**4** sie

(2) Mein Freund hat einen Hund. (　　) Hund ist sehr groß.
1 Das　**2** Den　**3** Der　**4** Die

(3) (　　) kommt der Bus? – Der Bus kommt gleich.
1 Wann　**2** Was　**3** Wie　**4** Wo

3

次の (A) ～ (C) に挙げられた単語のうち，意味のグループが他と異なるものを，例にならって，下の 1 ～ 4 から一つだけ選び，その番号を解答欄に記入しなさい。ただし，名詞の性の区別は関係ありません。

例） **1** Brot　**2** Buch　**3** Ei　**4** Eis
2 の Buch（本）だけ食べ物ではないので他と異なります。

(A) **1** Geld　**2** Hund　**3** Katze　**4** Schwein
(B) **1** ganz　**2** gelb　**3** grün　**4** rot
(C) **1** Fluss　**2** Geige　**3** Klarinette　**4** Klavier

4

次の (1) ～ (4) の条件にあてはまるものが各組に一つあります。それを下の 1 ～ 4 から選び，その番号を解答欄に記入しなさい。

(1) 下線部の発音が他と異なる。
1 Brief　**2** Italien　**3** Liebe　**4** Spiegel

(2) 下線部にアクセント（強勢）がない。
1 Hose　**2** Konzert　**3** Morgen　**4** Woche

(3) 下線部が長く発音される。
1 Eltern　**2** Leben　**3** Regal　**4** Teller

(4) 問い **A** に対する答え **B** の下線の語のうち，通常最も強調して発音される。
A: Wann fahren Moritz und Lara nach Paris?
B: Sie fahren am Freitag nach Paris.

1 Sie　**2** am　**3** Freitag　**4** Paris

5 (**A**) ～ (**C**) の会話が行われている場面や話題として最も適切なものを，下の **1** ～ **4** から選び，その番号を解答欄に記入しなさい。

(**A**) **A**: Guten Morgen. Zwei Brötchen und einen Käsekuchen, bitte.
B: Sonst noch etwas?
A: Nein, das ist alles.

(**B**) **A**: Guten Tag. Haben Sie ein Einzelzimmer frei?
B: Für heute Abend?
A: Ja.

(**C**) **A**: Mein Name ist Thomas Krüger. Wie heißen Sie?
B: Ich heiße Marie Neumann.
A: Oh, Frau Neumann! Freut mich!

1 自己紹介　　**2** ホテル
3 洋服店　　**4** パン屋

6 次の文章は，Christoph と家具店の店員 (Verkäuferin) との会話です。この会話を完成させるために，日本語になっている箇所 **A** ～ **D** にあてはまる最も適切なドイツ語を，下の **1** ～ **3** から選び，その番号を解答欄に記入しなさい。

Verkäuferin:	Guten Tag. Was wünschen Sie?
Christoph:	Guten Tag. Ich suche einen Tisch.
Verkäuferin:	Sehen Sie hier. Wir haben viele Tische. (**A** こちらのこの机はいかがでしょう？)
Christoph:	Hm, der ist nicht schlecht. (**B** 値段はいくらですか？)
Verkäuferin:	195 Euro.
Christoph:	Gut, ich nehme ihn.
Verkäuferin:	(**C** イスも必要ですか？)
Christoph:	(**D** いいえ，結構です。) Ich habe schon einen.

A **1** Wie finden Sie diesen Tisch hier?
2 Wie kaufen Sie diesen Tisch hier?
3 Wie machen Sie diesen Tisch hier?

B **1** Wie alt ist er?
2 Wie groß ist er?
3 Wie viel kostet er?

C **1** Brauchen Sie auch einen Fernseher?
2 Brauchen Sie auch einen Spiegel?
3 Brauchen Sie auch einen Stuhl?

D **1** Nein, danke.
2 Nein, nicht so gut.
3 Nein, ich komme nicht.

7 下の文章の内容に合うものを，下の **1** ～ **4** から二つ選び，その番号を解答欄に記入しなさい。ただし，番号の順序は問いません。

Mein Name ist Stefan. Ich bin elf Jahre alt. Ich gehe gern in die Schule. Meine Lehrer dort sind alle nett. Heute habe ich fünf Stunden Unterricht. Geschichte finde ich sehr interessant, aber Mathematik ist langweilig. Morgen habe ich Sport und Englisch. Das ist super!

1 シュテファンは 12 歳である。

2 シュテファンの学校の先生はみんな親切である。

3 シュテファンは音楽の授業にとても関心がある。

4 明日は体育と英語の授業があるのでシュテファンはうれしい。

8 以下は，フランクフルトに住む Lisa が計画している旅行のメモです。内容と一致するものを **1** ～ **8** から三つ選び，その番号を解答欄に記入しなさい。ただし，番号の順序は問いません。

18. August	nach Spanien (Barcelona)	*mit dem Flugzeug: 121,00 Euro*
18.-26. August	in Barcelona • Freunde treffen und essen gehen • Fußballspiel (FC Barcelona) sehen	
27. August	nach Madrid	*mit dem Zug: 56,85 Euro*
27.-31. August	in Madrid • Museen besuchen	
1. September	nach Portugal (Lissabon)	*mit dem Bus: 15,00 Euro*
1.-7. September	in Lissabon • auf dem Markt einkaufen • Weinbars besuchen	
8. September	nach Hause	*mit dem Flugzeug: 136,60 Euro*

1 リーザは冬の旅を計画している。

2 バルセロナではサッカーの試合を見る予定である。

3 バルセロナからマドリッドへは飛行機で移動する。

4 マドリッドでは友だちに会い，食事に行く予定である。

5 マドリッドからリスボンへ行くバスの代金は 15 ユーロである。

6 リスボンには 5 日間滞在する。

7 リスボンでは市場で買い物をする予定である。

8 この旅行で利用する飛行機の代金は合計 136.60 ユーロである。

5級

2023年度 夏期 ドイツ語技能検定試験

筆記試験 解答用紙

受験番号	氏　　名

手書き数字見本

曲げない　すきまを開ける　上につき出す　角をつける　閉じる

0 1 2 3 4 5 6 7 8 9

横線つけない　角をつける　閉じる

1 | (a) | | (b) | | (c) | | (d) | |

2
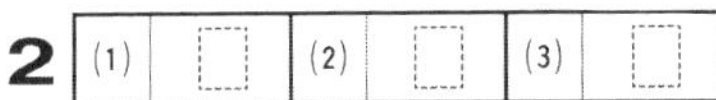

3
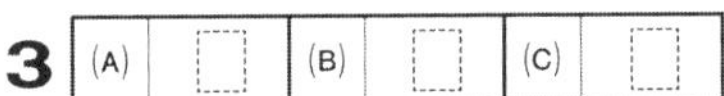

4
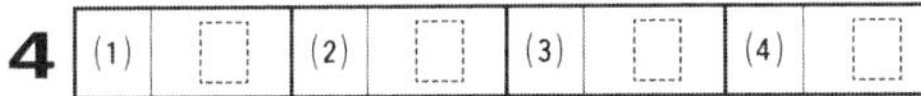

5
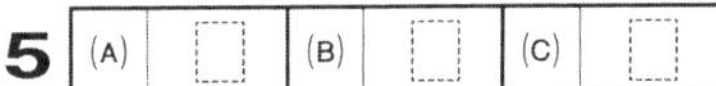

6
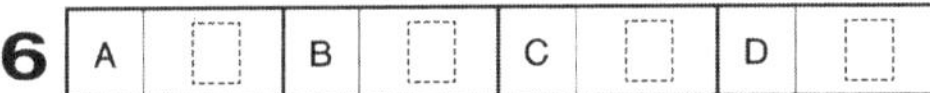

7

8

01

2023年度 夏期 ドイツ語技能検定試験

5級

聞き取り試験　解答の手引き

（試験時間　約20分）

> **出題は新しい正書法（単語のつづり方などに関する規則）に従います。解答は新旧いずれの方式でも認めます。**

―――注　意―――

■受験票と机の上の受験番号が同じであることを確認してください。

■携帯電話，スマートフォン，スマートウォッチ等の電子機器類は電源を切り，カバン等にしまってください。机の上に置いてはいけません。

■中途退場は認めません。

①指示があるまでページを開いてはいけません。

②聞き取り試験は3部から成り立っています。

③試験監督者の指示に従って，解答用紙の所定の欄に，受験番号・氏名を記入してください。

④放送の指示でページを開き，解答のしかたをよく読んでください。
解答のしかたと選択肢などが，2~3ページに示されています。

⑤解答は黒のHBの鉛筆で強めに記入してください。
書き直す場合には，消しゴムできれいに消してから記入してください。

⑥解答はすべて試験時間内に解答用紙の指定された箇所に記入してください。

⑦記入する数字は，下記の見本に従って書いてください。

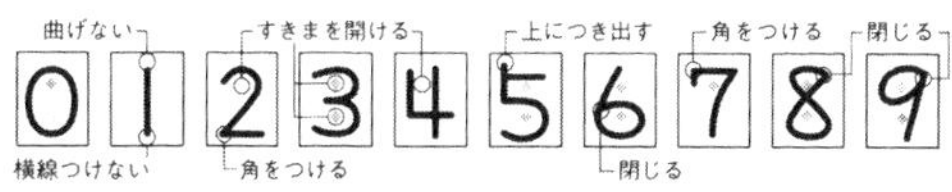

⑧アルファベットは大文字と小文字の判別ができるようにはっきりと書いてください。

■試験が終わっても，指示があるまで席を立たないでください。

■解答用紙は持ち帰ってはいけません。

■この問題冊子の無断転載，無断複製を禁じます。

02

第 1 部　Erster Teil

1. 第 1 部は，問題（**1**）から（**5**）まであります。
2. まずドイツ語の短い文章を 2 回放送します。
3. それを聞いて，その文章の内容を最も適切に表している絵をそれぞれ **1** ～ **4** から一つ選び，その番号を解答用紙の所定の欄に記入してください。
4. 以下，同じ要領で問題（**2**），（**3**）と進みます。
5. 次に，問題（**4**）では数字を聞き取り，その答えを算用数字で解答用紙の所定の欄に記入してください。
6. 次に，問題（**5**）では動詞を聞き取り，その答えを解答用紙の所定の欄に記入してください。
7. 最後に，問題（**1**）から（**5**）までをもう一度通して放送します。
8. メモは自由にとってかまいません。

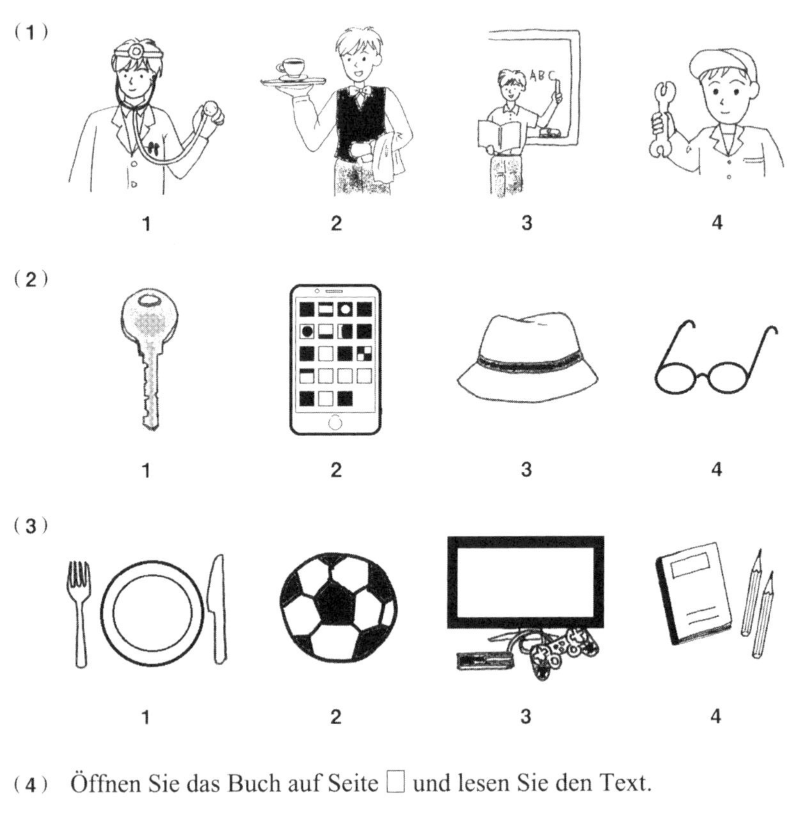

（**4**） Öffnen Sie das Buch auf Seite ☐ und lesen Sie den Text.

（**5**） Paula und Anne ____________ oft zusammen spazieren.

03

第 2 部　Zweiter Teil

1. 第 2 部は，問題（**6**）から（**8**）まであります。
2. まずドイツ語の短い文章を放送します。次にその文章についての質問として，問題（**6**）～（**8**）を放送します。
3. それを聞いた上で，それぞれの問いの選択肢 **1** ～ **3** から質問の答えとして最も適したものを選び，その番号を解答用紙の所定の欄に記入してください。
4. 文章と質問は，合計 3 回放送します。
5. メモは自由にとってかまいません。

（**6**）　**1**　In die Schule.　　**2**　In die Schweiz.　　**3**　In die Stadt.

（**7**）　**1**　Eine Jacke.　　**2**　Eine Tasche.　　**3**　Schuhe.

（**8**）　**1**　Apfelkuchen.　　**2**　Brot.　　**3**　Schokolade.

04

第 3 部　Dritter Teil

1. 第 3 部は，問題（**9**）から（**11**）まであります。
2. まずドイツ語の短い会話を続けて 2 回放送します。それを聞いて，その会話の状況として最も適したものを，下の **1** ～ **3** から選び，その番号を解答用紙の所定の欄に記入してください。
3. 以下，同じ要領で問題（**11**）まで順次進みます。
4. 最後に，問題（**9**）から（**11**）までをもう一度通して放送します。そのあと，およそ 1 分後に試験終了のアナウンスがあります。試験監督者が解答用紙を集め終わるまで席を離れないでください。
5. メモは自由にとってかまいません。

1　調子を聞いている。

2　兄弟姉妹がいるか聞いている。

3　道を聞いている。

（**9**）

（**10**）

（**11**）

5級

2023年度 夏期 ドイツ語技能検定試験

聞き取り試験 解答用紙

受験番号	氏名

手書き数字見本

0 1 2 3 4 5 6 7 8 9

曲げない　すきまを開ける　上につき出す　角をつける　閉じる
横線つけない　角をつける　閉じる

【第 1 部】

(1)		(2)		(3)	

(4)	Öffnen Sie das Buch auf Seite ☐ und lesen Sie den Text.

(5)	Paula und Anne ______________ oft zusammen spazieren.

採点欄

【第 2 部】

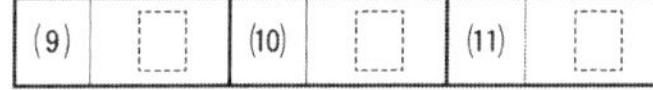

(6)		(7)		(8)	

【第 3 部】

(9)		(10)		(11)	

夏期《5級》 ヒントと正解

【筆 記 試 験】

1 動詞の現在人称変化

正 解 **(a) 2　(b) 3　(c) 3　(d) 2**

動詞の現在人称変化に関する問題です。動詞は原則として「語幹」部分と「語尾」部分からできています。語尾は主語の「人称」と「数」，そして「時制」によって決まります。問題では，主語に一致する動詞の現在人称変化形を選ぶことが求められています。一つ一つ確実に覚えていきましょう。問題文は「これは私の友人です。彼はアントンという名前です。彼はピアノを弾きます。私たちは今日，一緒にコンサートに行きます」という意味です。

(a) 重要な動詞 sein（〜である）の現在人称変化形を問う問題です。sein は，主語に応じて変化形が大きく異なる動詞です。主語が単数の場合は，ich bin，du bist，er / sie / es ist，複数形の場合は，wir sind，ihr seid，sie sind，敬称 2 人称の場合は，Sie sind という形に変化します。問題文の主語は指示代名詞の das です。中性名詞 1 格・4 格の定冠詞 das と混同しないよう注意しましょう。das（これは）は人・もの・ことを指示していることを表します。動詞 sein の主語として使われる場合は，「これは〜です」という意味になりますが，〜の部分で指し示された人・もの・ことが，単数か複数かによって動詞 sein の形は異なります。つまり単数ならば das ist 〜，複数ならば das sind 〜になります。ここでは，指し示されているのは男性名詞単数の mein Freund（私の友人）ですので，sein は ist の形を取ります。したがって正解は選択肢 **2** です。［正解率 96.84％］

(b) heißen（〜という名前である）の現在人称変化形を問う問題です。heißen の語幹は heiß です。文の主語は 3 人称単数の er（彼は）なので，動詞の語尾は -t という形を取ります。したがって正解は選択肢 **3** です。ところで，語幹が ß で終わる動詞は，主語が du の場合は注意が必要です。本来 du が主語の場合，動詞の語幹には -st という語尾が付きますが，語幹が s，ss，ß，tz，z で終わる動詞は，du heißt のように，語幹に付ける語尾は -st ではなく，-t だけになります。［正解率 98.31％］

(**c**) spielen (遊ぶ，演奏する) の現在人称変化形を問う問題です。spielen の語幹は spiel です。文の主語は，(**b**) と同じく 3 人称単数の er (彼は) なので，動詞の語尾は -t という形を取ります。したがって正解は選択肢 **3** です。[正解率 97.68%]

(**d**) gehen (行く) の現在人称変化形を問う問題です。gehen の語幹は geh です。文の主語は 1 人称複数の wir (私たちは) なので，動詞の語尾は -en という形を取ります。したがって正解は選択肢 **2** です。[正解率 95.57%]

◇この問題は 12 点満点 (配点 3 点×4) で，平均点は 11.65 点でした。

1 ここがポイント！

＊規則的に変化する動詞の人称語尾を確実に身につけよう！
＊主語はどれなのか，また 3 人称の人称代名詞が主語の場合は，その人称代名詞がどの名詞を指しているのか，しっかり見極めて，動詞の形を判断しよう！
＊ sein，haben，werden など，特に不規則な変化をする重要動詞については，一つ一つの変化を確実に覚えよう！

2 冠詞・代名詞・疑問詞

正 解　(**1**) **2**　(**2**) **3**　(**3**) **1**

適切な冠詞，代名詞，疑問詞を選ぶ問題です。冠詞と代名詞に関しては，それに関連づけれられる名詞と性・数を一致させる必要があります。(**2**) と (**3**) は空欄が問題文の文頭にあるので，選択肢の語頭が大文字で表記されています。

(**1**) 人称代名詞に関する問題です。第 1 文は「その自転車はいいですね」という意味です。第 2 文は「私は (　　) を買います」という意味です。空欄には第 1 文で話題にされている中性名詞 Fahrrad の人称代名詞が入ると考えられます。kaufen は 4 格の名詞・代名詞とともに用いられる他動詞なので空欄には中性単数 4 格の人称代名詞 es を入れるのが適切です。したがって，正解は選択肢 **2** です。なお，選択肢 **3** の男性単数 4 格の人称代名詞 ihn を選んだ解答が 23.84% ありました。1 格と 4 格で人称代名詞の形が異なるのは男性名詞だけなので，格だけではなく性にも注意して判断する必要があります。[正解率 62.03%]

(**2**) 定冠詞に関する問題です。第 1 文は「私のボーイフレンドは犬を一匹飼っています」という意味です。第 2 文は「(　　) 犬はとても大きいです」という意味です。第 2 文の Hund はこの文の主語なので，空欄には 1 格の名詞の前に置くことができ，Hund の性を表すのに適切な定冠詞を入れる必要があります。第 1 文で Hund の前に einen という不定冠詞が置かれています。einen は男性単数 4 格の前に置かれる時の形なので Hund は男性名詞であることがわかります。したがって，正解は選択肢 **3** です。[正解率 77.00%]

(**3**) 疑問詞に関する問題です。選択肢 **1** の wann は「いつ」，選択肢 **2** の was は「何が，何を」，選択肢 **3** の wie は「どのように，どのような」，選択肢 **4** の wo は「どこ」という意味です。質問文に対する応答文は「そのバスはすぐ来ます」という意味であることから，質問文はバスが来る時間を尋ねる文であると予測できます。したがって，正解は選択肢 **1** です。質問文は「そのバスはいつ来ますか？」という意味です。[正解率 67.30%]

◇この問題は 9 点満点 (配点 3 点×3) で，平均点は 6.19 点でした。

2 ここがポイント！

＊指している名詞の性・数を確認し，適切な人称代名詞を使おう！
＊疑問詞とその意味を覚え，正しく使い分けられるようにしよう！

3 語彙 (異なる意味グループに属する語の選択)

正 解　(**A**) **1**　(**B**) **1**　(**C**) **1**

四つの語の中から，意味のグループが他と異なるものを選ぶ問題です。語彙力が試されます。

(**A**) 選択肢 **1** は「お金」，選択肢 **2** は「犬」，選択肢 **3** は「猫」，選択肢 **4** は「豚」という意味です。この中では，動物でない選択肢 **1** が正解です。[正解率 77.00%]

(**B**) 選択肢 **1** は「全部の」，選択肢 **2** は「黄色の」，選択肢 **3** は「緑の」，選択肢 **4** は「赤の」という意味です。この中では，色でない選択肢 **1** が正解です。[正解率 73.00%]

(C) 選択肢 **1** は「川」，選択肢 **2** は「バイオリン」，選択肢 **3** は「クラリネット」，選択肢 **4** は「ピアノ」という意味です。この中では，楽器でない選択肢 **1** が正解です。選択肢 **2** を選んだ解答が 31.86% ありました。バイオリンを表す単語としては他に外来語の Violine があります。［正解率 58.65%］

◇この問題は 9 点満点（配点 3 点×3）で，平均点は 6.26 点でした。

3 ここがポイント！

＊よく使う語は，話題や場面ごとにまとめて覚える習慣を身につけよう！
＊身近な単語から順に覚えよう！

4 発音とアクセント

正解 **(1) 2** **(2) 2** **(3) 2** **(4) 3**

発音，アクセントの位置，文中で強調して発音される語に関する問題です。発音の基本的な規則についての知識や，簡単な会話内容を把握する能力が必要とされます。

(1) ie の発音に関する問題です。この ie の読み方には 2 通りあります。アクセントがある場合は，[iː] と発音し，アクセントがない場合は [iə] と発音されます。選択肢 **1** の Brief（手紙），選択肢 **3** の Liebe（愛），選択肢 **4** の Spiegel（鏡）はそれぞれ ie にアクセントがあるので，原則どおり [iː] と発音されます。しかし，選択肢 **2** の Italien（イタリア）は下線部の音節にアクセントがなく，[iə] と発音されます。正解は選択肢 **2** です。［正解率 86.71%］

(2) 語のアクセントの位置に関する問題です。語のアクセントは，ドイツ語の単語では，原則として最初の音節に置かれます。選択肢 **1** の Ho·se（ズボン，以下「·」で音節の区切れを示します。），選択肢 **3** の Mor·gen（朝），選択肢 **4** の Wo·che（週）では，それぞれ最初の音節の下線部にアクセントが置かれます。しかし，選択肢 **2** の Kon·zert（コンサート）は外来語であり，アクセントは第 2 音節にあるため，下線部にアクセントはありません。正解は選択肢 **2** です。［正解率 71.52%］

(3) 母音の長短に関する問題です。ここでは母音 e を長く発音する単語を選択することが求められます。アクセントがある母音は，後に続く子音字が一つの場合は長く，後に続く子音字が二つ以上の場合は短く発音されます。この原則に従うと，選択肢 **1** の Eltern（両親），選択肢 **4** の Teller（皿）は，それぞれ下線部の e の後に子音字が二つあります。したがって，下線部の e は短く発音されます。これに対し，選択肢 **3** の Regal（棚）は，下線部の母音 e にアクセントがなく，短く発音されます。選択肢 **2** の Leben（生活）は，下線部にアクセントがあり，後に続く子音字が一つであるため，長く発音します。正解は選択肢 **2** です。［正解率 80.17%］

（**4**）文の中で強調して発音される語を問う問題です。一般に，文中では最も重要な情報を担う部分が強調されます。**A** は「モーリッツとラーラはいつパリに行くのか？」と尋ねます。これに対して **B** は「彼らは金曜日にパリへ行く」と答えています。**A** の質問では wann（いつ）という疑問詞が使われているので，このやりとりでは，曜日に関わる情報が最も重要であるとわかります。この文中では，Freitag（金曜日）を強調して発音するのが自然です。正解は選択肢 **3** です。［正解率 91.14%］

◇この問題は 12 点満点（3 点×4）で，平均点は 9.89 点でした。

4 ここがポイント！

＊語のアクセントの位置や母音の長短に関する原則を習得しておこう！
＊外来語の場合，発音やアクセントの原則に関する例外があることに気をつけよう！
＊会話文では，何が重要な情報かを意識して読み解くようにしよう！

5 会話の場面理解

正 解　（**A**）　**4**　　（**B**）　**2**　　（**C**）　**1**

短い会話を読み，適切な場所や場面を選ぶ問題です。さまざまな表現を手がかりとした上で，会話の状況を総合的に判断する力が求められます。

（**A**）会話の内容は次の通りです。

A：おはようございます。小さい丸パン二つとチーズケーキ一つください。
B：他に何かご入用ですか？
A：いいえ，それで全部です。

冒頭にある Brötchen（小さい丸パン）や Käsekuchen（チーズケーキ）といった単語が食べ物を指していることがわかり，bitte（ください，お願いします）と合わせて考えられれば店での食べ物の注文だと理解できます。したがって，正解は選択肢 **4** です。Sonst noch etwas?（他に何かご入用ですか？）や Das ist alles.（それで全部です）も，注文で頻繁に使われる言い回しです。［正解率 97.68%］

（**B**）会話の内容は次の通りです。

A：こんにちは。一人部屋は空いていますか？
B：今晩ですか？
A：はい。

最初の文の Einzelzimmer（一人部屋）という語がわからなかった方もいるかもしれませんが，この複合語を構成している単語 Zimmer（部屋）に気づくことができれば，frei（自由な，空きがある）や Für heute Abend?（今晩ですか？）という問い返しとあいまって部屋の空き状況の確認であることがわかります。したがって，正解は選択肢 **2** です。［正解率 95.57%］

（**C**）会話の内容は次の通りです。

A：私の名前はトーマス・クリューガーです。あなたのお名前は？
B：私はマリー・ノイマンといいます。
A：おお，ノイマンさんですね。お会いできてうれしいです。

Mein Name ist ...，Ich heiße ...は，どちらも名を名乗るときに使われる表現です。お互いに名前を告げあっていることから，2 人が初対面で自己紹介をしている場面だとわかります。したがって，正解は選択肢 **1** です。［正解率 99.37%］

◇この問題は 9 点満点（配点 3 点×3）で，平均点は 8.78 点でした。

5 ここがポイント！

＊テキスト全体を読み，キーワードを探し出そう。
＊鍵となる語彙や言い回しを手がかりに，会話の場所や場面を推測しよう！
＊買い物やレストランの場面などでよく使われる表現はマスターしておこう！

6 初歩の会話表現

正解 （**A**） **1** （**B**） **3** （**C**） **3** （**D**） **1**

短い会話文を読み，日本語で記されている内容に対応するドイツ語表現を選ぶ問題です。基本的な会話表現を中心に出題されるので，頻出する表現を覚えておくことが重要です。

内容：
販　売　員：こんにちは。何をお探しですか？
クリストフ：こんにちは。私は机を探しています。
販　売　員：こちらをご覧ください。机はたくさんございます。(**A** こちらのこの机はいかがでしょう？)
クリストフ：そうですね，こちらの机は悪くないです。(**B** 値段はいくらですか？)
販　売　員：195 ユーロです。
クリストフ：いいですね。こちらを買います。
販　売　員：(**C** イスも必要ですか？)
クリストフ：(**D** いいえ，結構です。) 私はすでに一つ持っています。

(**A**) 三つの選択肢は，動詞の部分だけが異なっています。選択肢 **1** の動詞 finden は「〜と思う」という意味で，相手に感想や印象を尋ねるときに使います。問題文では「こちらのこの机はいかがでしょう？」と，感想を尋ねているので，選択肢 **1** が正解です。なお，選択肢 **2** を選んだ解答が 22.57%，選択肢 **3** を選んだ解答が 25.74% ありました。選択肢 **2** の動詞 kaufen は「買う」，選択肢 **3** の machen は「〜をする」という意味です。いずれも，問題文と合致しないので，不正解です。[正解率 51.69%]

(**B**) 問題文では「値段はいくらですか？」となっています。この日本語に対応するのは，選択肢 **3** の Wie viel kostet er? ですから，選択肢 **3** が正解です。選択肢 **1** の Wie alt ist er? は，年齢を尋ねる言い方であり，問題文と合いません。また，選択肢 **2** の Wie groß ist er? は，大きさを尋ねる表現ですから，やはり不正解です。[正解率 94.09%]

(**C**) 三つの選択肢は，Brauchen Sie auch einen ...? (…も必要ですか？) という部分が共通し，最後の名詞の部分だけが異なっています。問題では，「イスも必要ですか？」となっていますから，「イス」という単語を選択する必要があります。選択肢 **1** の Fernseher は「テレビ」，選択肢 **2** の Spiegel は「鏡」，選択肢 **3** の Stuhl が「イス」を意味しています。正解は選択肢 **3** です。[正解率 88.61%]

(**D**) 問題文は,「いいえ, 結構です」とあります。これに対応するドイツ語表現は, 選択肢 **1** の Nein, danke. となります。正解は選択肢 **1** です。選択肢 **2** の Nein, nicht so gut. は「いいえ, あまりよくありません」という意味で, 体調を述べるときによく使われますが, 問題の解答としては不適切です。選択肢 **2** を選んだ解答が, 9.49% ありました。選択肢 **3** の Nein, ich komme nicht.「いいえ, 私は行きません」は問題の文脈的に解答にふさわしくありません。[正解率 88.82%]

◇この問題は 12 点満点 (配点 3 点×4) で, 平均点は 9.70 点でした。

6 ここがポイント！

＊部屋にある物など, 日常生活で出会う名詞を身につけよう！
＊基本的な動詞の使い方を意識して覚えよう！
＊日常でよく使われる表現をマスターしておこう！

7 短いテキストの内容理解

正 解　**2**, **4** (順序は問いません)

短いテキストを読み, 要点を理解できるかどうかを問う問題です。テキスト中の語句を手がかりに正確な内容を把握する力が求められます。

内容:
ぼくはシュテファンと言います。11 歳です。学校には楽しく通っています。学校の先生はみんなとても親切です。今日は 5 時間授業があります。歴史 (の授業) にとても関心があります。けれども, 算数はつまらないです。明日は体育と英語 (の授業) があります。最高です！

選択肢 **1** は, 第 2 文の「11 歳です」という年齢と合致しないので不正解です。選択肢 **2** は第 4 文の「学校の先生はみんなとても親切です」という内容と合致するので正解です。[正解率 93.25%]　第 6 文前半にあるように, シュテファンがとても関心があるのは歴史 (Geschichte) の授業で, 音楽 (Musik) の授業への言及はテキストの中にありません。したがって選択肢 **3** は不正解です。選択肢 **4** は第 7, 第 8 文の「明日は体育と英語 (の授業) があります。最高です！」という内容と合致するので正解です。[正解率 96.41%]　したがって, この問題の正解は選択肢 **2** と選択肢 **4** です。なお, 選択肢 **1** を選んだ解答が 5.70%, 選択肢 **3** を選んだ解答が 4.64% ありました。

◇この問題は6点満点（配点3点×2）で，平均点は5.69点でした。

7 ここがポイント！

＊テキスト全体から，重要な情報を正確に読み取ろう！
＊年齢や好き嫌いなどに関する細かい点に注意しながら内容を把握しよう！

8 重要情報の読み取り

正解　**2，5，7**（順序は問いません）

ドイツ語の文字情報を手がかりにして要点を把握する問題です。広告や掲示，パンフレット，手帳，メモなどの場合，情報は文形式で提示されるとは限らず，キーワードだけで簡潔に表されることが多くあります。そうした場合にも，与えられた情報を手がかりにしながら，的確に内容を把握する力が求められます。問題では，フランクフルトに住むリーザの旅行計画のメモが題材として取り上げられています。

内容：

8月18日	スペインへ（バルセロナ）	飛行機で：121ユーロ
8月18～26日	バルセロナにて • 友人たちに会い，食事に行く • サッカーの試合（FCバルセロナ）を見る	
8月27日	マドリッドへ	電車で：56.85ユーロ
8月27～31日	マドリッドにて • 美術館を訪問	
9月1日	ポルトガルへ（リスボン）	バスで：15ユーロ
9月1～7日	リスボンにて • 市場で買い物 • ワインバーを訪問	
9月8日	帰宅	飛行機で：136.60ユーロ

表の左部分に日付，右部分に行き先および滞在先の地名，交通手段とその費用，現地でする予定が書かれています。選択肢 **1** から選択肢 **8** まで順に確認していきます。日付を見ると一番上に 8 月 18 日，一番下に 9 月 8 日と記載されているので夏の旅行計画であることがわかります。したがって，選択肢 **1** は不正解です。リーザは最初の目的地のバルセロナで，友人たちに会い食事に行くことと，サッカーの試合を見ることを予定しています。したがって，選択肢 **2** は正解です。［正解率 98.95%］ 次の目的地マドリッドへは電車で移動する予定です。したがって，選択肢 **3** は不正解です。マドリッドでは美術館を訪問する予定です。したがって，選択肢 **4** は不正解です。マドリッドから次の目的地のリスボンへはバスでの移動を予定しています。費用は 15 ユーロです。したがって，選択肢 **5** は正解です。［正解率 97.47%］ リスボンには 9 月 1 日から 7 日までの 7 日間滞在する予定です。したがって，選択肢 **6** は不正解です。リーザはリスボンでは市場で買い物をし，ワインバーを訪問する予定です。したがって，選択肢 **7** は正解です。［正解率 97.47%］ 飛行機での移動はフランクフルトからバルセロナ，リスボンからフランクフルトの 2 回で，費用の合計は 256.60 ユーロです。したがって，選択肢 **8** は不正解です。

◇この問題は 9 点満点（配点 3 点×3）で，平均点は 8.82 点でした。

8 ここがポイント！

＊掲示，広告，パンフレット，手帳，メモなどの場合，知らない単語が含まれていることも多いが，知っている語句や表記を手がかりにして要点を抜き出していこう！

＊月，曜日，時間，料金などに関する表現を覚えよう！

【聞き取り試験】

第1部 短い文章の聞き取りと数字の書き取り

正解 (1) 2 (2) 4 (3) 2 (4) 5 (5) gehen

放送された短いテキストを聞き取り，その内容を表すのに最も適した絵を選ぶ問題と放送されたテキストに含まれる数詞や単語を書き取る問題です。問題 (1) から (3) ではキーワードを，問題 (4) では数を，(5) では動詞を聞き取ることが求められます。

放送 問題1： Mein Vater ist Kellner. Das Restaurant ist sehr berühmt.

内容： 私の父はウエイターです。そのレストランはとても有名です。

話題になっている男性の職業が何かを選ぶ問題です。放送されたテキストでは「ウエイター」(Kellner),「レストラン」(das Restaurant) と言っています。したがって，正解は選択肢 **2** です。選択肢 **4** の「機械工，修理士」(Mechaniker) を選択した解答が 23.63% ありましたが，放送されたテキストの内容に合わないので，不正解です。[正解率 59.92%]

放送 問題 2： Wo ist meine Brille? Ich finde sie nicht.

内容： 私のメガネはどこですか？ 見つかりません。

話題となっている探しものが何かを選ぶ問題です。放送されたテキストでは，「私のメガネ」(meine Brille) と言っているので，正解は選択肢 **4** です。選択肢 **3**「帽子」(der Hut) を選んだ解答が 16.88% ありました。[正解率 68.99%]

放送 問題 3： Meine Schwester spielt gern Fußball.

内容： 私の姉 (または妹) は，サッカーをするのが好きです。

この問題では趣味を聞き分けて解答することが求められます。正解は，サッカーボールが描かれている選択肢 **2** です。なお，選択肢 **1** は essen (食べる)，選択肢 **3** は Computerspiele spielen (コンピューターゲームをする)，選択肢 **4** は lernen (学ぶ) と，それぞれ gern (好んで) と組み合わせることの多い言い回しに関するイラストが挙げられています。[正解率 93.46%]

放送 問題 4： Öffnen Sie das Buch auf Seite 5 und lesen Sie den Text.

内容： 本の 5 ページを開いてテキストを読んでください。

数を書き取る問題です。「解答の手引き」には Öffnen Sie das Buch auf Seite □ und lesen Sie den Text. と記載されています。空欄には 1 桁の数字を記入する必要があります。放送されたテキストでは fünf (5) と言っているので，正解は **5** です。なお，数字の前にある単語 Seite は「～ページ」という意味です。［正解率 96.41%］

放 送　問題 **5**： Paula und Anne gehen oft zusammen spazieren.

内容： パウラとアンネはよく一緒に散歩に行きます。

動詞の書き取り問題です。正解は動詞 **gehen**（行く）です。「解答の手引き」には Paula und Anne ____ oft zusammen spazieren. と記載されています。gehen という動詞はわかったものの，人称変化を誤った解答が多くみられました。動詞の人称変化を学び，解答用紙の主語が複数人いることに着目できれば，このような誤答は防げたでしょう。また gern (好んで) と副詞を記入した解答も見られました。［正解率 73.42%］

◇この問題は 17 点満点 (問題 **1** から問題 **3** まで配点 3 点×3，問題 **4** と問題 **5** の配点 4 点×2) で，平均点は 13.46 点でした。

第 1 部 ここがポイント！

＊キーワードや数，単語を正確に聞き取ろう！
＊絵や文字などの視覚情報は，聞き取りの手助けになるため，積極的に活用しよう！
＊動詞の人称変化は確実に覚え，主語に合わせて使い分けられるようになろう！

第 2 部 テキストの重要情報の聞き取り

正 解　**(6) 3　(7) 1　(8) 1**

放送されるドイツ語のテキストを聞き，その内容に関する質問に答える問題です。質問もドイツ語で放送されます。

放 送

Ich heiße Klaus und bin Student. Meine Freundin Elena studiert auch.

Heute fahren wir in die Stadt, denn Elena braucht eine Jacke und ich brauche Schuhe. Danach gehen wir zum Bäcker. Elena isst gern Apfelkuchen.

内容：
私はクラウスと言います。大学生です。私のガールフレンドのエレーナも大学で勉強しています。今日，私たちは街に行きます。というのも，エレーナはジャケットが必要で，私は靴が必要だからです。その後，私たちはパン屋に行きます。エレーナはアップルケーキを食べるのが好きです。

放 送　問題 **6**:　Wohin fahren Klaus und Elena?

質問は「クラウスとエレーナはどこに行くのですか？」という意味です。テキストでは，2 人は街に (in die Stadt) 行くと述べられています。したがって正解は選択肢 **3** の In die Stadt. です。なお，選択肢 **1** の In die Schule を選んだ解答が 21.52% ありました。［正解率 72.57%］

放 送　問題 **7**:　Was braucht Elena?

質問は「エレーナは何を必要としていますか？」という意味です。テキストでは，エレーナは「ジャケット (Jacke)」を必要としていると述べられています。したがって正解は選択肢 **1** の Eine Jacke. です。なお，選択肢 **3** の Schuhe. を選んだ解答が 36.92% ありました。Schuhe (靴) を必要としているのは，エレーナではなく，クラウスです。［正解率 55.06%］

放 送　問題 **8**:　Was isst Elena gern?

質問は「エレーナは何を食べるのが好きですか？」という意味です。テキストでは，エレーナは「アップルケーキ」を食べるのが好きだと述べられています。したがって正解は選択肢 **1** の Apfelkuchen. です。［正解率 97.47%］

◇この問題は 9 点満点 (配点 3 点×3) で，平均点は 6.75 点でした。

第2部 ここがポイント！

* wohin (どこへ)，was (何が，何を)，wie (どのくらい，どのように) や wie alt (何歳)，woher (どこから) などの疑問詞や疑問詞を使った表現をしっかり覚えよう！
* 発音で，sch と同じ音になる st や sp で始まる語の s，前にある母音の種類によって音が異なる ch，発音しにくい pf など，ドイツ語独特の発音を

マスターし，聞き分けられるようになろう！
＊単語を聞き分けるだけではなく，主語は誰なのかも注意して聞き取れるようになろう！

第3部 会話の場面理解

正解 (9) **3** (10) **1** (11) **2**

放送された三つの短い会話を聞き，それぞれの会話の状況を把握する問題です。聞き取りの際には，キーワードを的確に理解し，全体としてどのようなことが述べられているのかを掴むことが重要です。

放送 問題**9**

A: Entschuldigung, wo ist der Bahnhof?
B: Gehen Sie hier nach rechts. Dann sehen Sie den Bahnhof.
A: Danke schön.

内容:

A: すみません，駅はどこですか？
B: ここを右に行ってください。そうすれば駅が見えます。
A: ありがとうございます。

男性 (**A**) が「すみません，駅はどこですか？」(Entschuldigung, wo ist der Bahnhof?) と言っています。それに対する答えには hier (ここ) や rechts (右) という場所を表す単語があります。また，冒頭の Entschuldigung (すみません) も，人にものを尋ねたりする際の呼びかけに使われます。したがって，正解は選択肢**3**です。［正解率 100%］

放送 問題**10**

A: Hallo, Michael! Wie geht's dir?
B: Danke, gut. Und dir?
A: Es geht.

内容:

A: やあ，ミヒァエル！ 調子はどう？
B: ありがとう，いいよ。きみは？
A: まあまあだよ。

女性 (**A**) が男性 (**B**) に「調子はどう？」と尋ねています。それに対する答えには gut (よい) という形容詞が使われており，続いて Und dir? (きみは?) と相手にも同様のことを聞き返していることからお互いの調子を聞いていることがわかります。したがって，正解は選択肢 **1** です。[正解率 99.58%]

放送　問題 **11**

A: Hast du Geschwister?

B: Ja, ich habe einen Bruder und zwei Schwestern. Und du?

A: Ich habe keine Geschwister.

内容:

A: 兄弟姉妹はいる？

B: うん，兄 (または弟) が一人と姉 (または妹) が 2 人いるよ。あなたは？

A: ぼくには兄弟姉妹はいないよ。

男性 (**A**) が女性 (**B**) に「兄弟姉妹はいる？」(Hast du Geschwister?) と尋ねています。それに対する答えの文に Bruder (兄または弟) や Schwester (姉または妹) という単語があることから，兄弟姉妹についての話題であることがわかります。したがって，正解は選択肢 **2** です。[正解率 99.58%]

◇この問題は 9 点満点 (配点 3 点×3) で，平均点は 8.97 点でした。

第3部 ここがポイント！

＊会話の中で重要なキーワードを聞き取ろう！
＊内容が全部わからなくても，聞き取れる語句を手がかりにテーマを推測しよう！
＊語彙を増やして聞き取り能力をアップさせよう！

2023年度 冬期 ドイツ語技能検定試験
5級
筆記試験　問題
（試験時間　40 分）

出題は新しい正書法（単語のつづり方などに関する規則）に従います。解答は新旧いずれの方式でも認めます。

注　意

■受験票と机の上の受験番号が同じであることを確認してください。
■携帯電話，スマートフォン，スマートウォッチ等の電子機器類は電源を切り，カバン等にしまってください。机の上に置いてはいけません。
■中途退場は認めません。退場は試験放棄となります。

①問題冊子は試験開始の合図があるまで，開いてはいけません。
②問題冊子は表紙・裏表紙を含めて 8 ページあります。
余白は下書き・メモ用に使ってかまいません。
③試験監督者の指示に従って，解答用紙の所定の欄に，受験番号・氏名を記入してください。
④解答は黒の HB 以上の鉛筆で強めに記入してください。
書き直す場合には，消しゴムできれいに消してから記入してください。
⑤**解答はすべて解答用紙の指定された箇所に記入してください。**
⑥記入する数字は，下記の見本に従って書いてください。

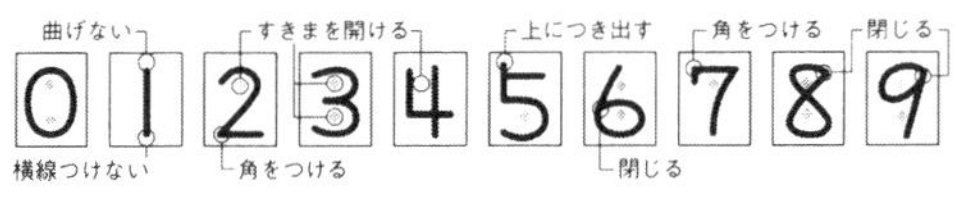

■試験が終わっても，指示があるまで席を立たないでください。
■解答用紙は持ち帰ってはいけません。
■この問題冊子の無断転載，無断複製を禁じます。

1 次の文で空欄(**a**)～(**d**)の中に入れるのに最も適切な動詞の形を，下の **1** ～ **3** から選び，その番号を解答欄に記入しなさい。

Ich (**a**) zwei Brüder, Daniel und Michael. Daniel (**b**) gern Comics und Michael (**c**) gern Musik. Sie (**d**) heute zusammen ins Kino.

(a)	**1** habe	**2** haben	**3** hat
(b)	**1** lesen	**2** lest	**3** liest
(c)	**1** höre	**2** hören	**3** hört
(d)	**1** gehen	**2** gehst	**3** geht

2 次の **(1)** ～ **(3)** の文で(　　)の中に入れるのに最も適切なものを，下の **1** ～ **4** から選び，その番号を解答欄に記入しなさい。

(1) Ich heiße Michael. Und (　　) heißt du?
1 was　**2** wer　**3** wie　**4** wo

(2) Wie findest du (　　) Professor? – Der ist cool.
1 diese　**2** diesen　**3** dieser　**4** dieses

(3) Hast du noch Kopfschmerzen? – Ja, (　　) sind immer noch da.
1 es　**2** ihr　**3** mich　**4** sie

3

次の (A) ～ (C) に挙げられた単語のうち，意味のグループが他と異なるものを，例にならって，下の **1** ～ **4** から一つだけ選び，その番号を解答欄に記入しなさい。ただし，名詞の性の区別は関係ありません。

例） **1** Brot　**2** Buch　**3** Ei　**4** Eis
2 の Buch（本）だけ食べ物ではないので他と異なります。

(A) **1** Fluss　**2** Kuchen　**3** Salat　**4** Suppe
(B) **1** heute　**2** gestern　**3** kurz　**4** morgen
(C) **1** Auge　**2** Nase　**3** Stern　**4** Zahn

4

次の (1) ～ (4) の条件にあてはまるものが各組に一つあります。それを下の **1** ～ **4** から選び，その番号を解答欄に記入しなさい。

(1) 下線部の発音が他と異なる。
1 billig　**2** Entschuldigung
3 Geige　**4** glauben

(2) 下線部にアクセント（強勢）がない。
1 Beruf　**2** Fußball　**3** Geburtstag　**4** Kultur

(3) 下線部が長く発音される。
1 Flasche　**2** Japan　**3** Monat　**4** Vater

(4) 問い **A** に対する答え **B** の下線の語のうち，通常最も強調して発音される。
A: Wohnt Anna in München?
B: Nein, sie wohnt in Köln.

1 sie　**2** wohnt　**3** in　**4** Köln

5 **(A)** ～ **(C)** の会話の場面や話題として最も適切なものを，下の **1** ～ **4** から選び，その番号を解答欄に記入しなさい。

(A) **A**: Wie ist das Wetter morgen?
B: Gut. Die Sonne scheint.
A: Wunderbar!

(B) **A**: Guten Tag. Ich suche eine Bluse.
B: Wie finden Sie diese hier?
A: Die finde ich nicht so schön.

(C) **A**: Was machen Sie gern in der Freizeit?
B: Ich reise gern mit Freunden. Und Sie?
A: Ich spiele gern Klavier.

1 趣味　　**2** 八百屋
3 洋服店　　**4** 天気

6 次の文章は，大学生の Markus と Anette の会話です。この会話を完成させるために，日本語になっている箇所 **A** ～ **D** にあてはまる最も適切なドイツ語を，下の **1** ～ **3** から選び，その番号を解答欄に記入しなさい。

Markus: Was machst du heute nach der Uni?
Anette: Hm, ich weiß noch nicht. (**A** 劇場に行こうかなぁ。)
Markus: (**B** それはいいね。) Gehen wir zusammen?
Anette: Gerne.
Markus: (**C** 何時に始まるの？) Am Nachmittag habe ich noch eine Vorlesung.
Anette: Ich glaube, um 19:30 Uhr.
Markus: Dann ist es kein Problem.
Anette: Gut. (**D** また後でね！)

A
1 Vielleicht gehe ich ins Kino.
2 Vielleicht gehe ich in die Bibliothek.
3 Vielleicht gehe ich ins Theater.

B
1 Gute Idee.
2 Guten Tag.
3 Gute Reise.

C
1 Wann beginnt das?
2 Wie spät ist es?
3 Wann hast du Zeit?

D
1 Bis morgen!
2 Ach, schade!
3 Bis später!

7 下の文章の内容に合うものを，下の **1** ～ **4** から二つ選び，その番号を解答欄に記入しなさい。ただし，番号の順序は問いません。

Ich heiße Sophie und wohne jetzt allein in München. In meinem Zimmer sind ein Tisch, zwei Stühle, ein Regal und ein Bett. An der Wand neben dem Fenster hängt ein Bild. Auf dem Tisch steht eine Lampe. Ich habe leider noch kein Sofa.

1 ゾフィーは今，ミュンヘンで一人暮らしをしている。

2 ゾフィーの部屋には棚が二つある。

3 テレビの隣の壁には絵が飾ってある。

4 電気スタンドが机の上にある。

8 以下は，ある市民大学（Volkshochschule）のインターネット上での講座案内です。内容と一致するものを **1** ～ **8** から三つ選び，その番号を解答欄に記入しなさい。ただし，番号の順序は問いません。

Kurse im Januar und Februar 2024

Englisch für Fortgeschrittene
Ab Mo. 8. Jan., 18:00 – 19:30, 7-mal keine Plätze frei

Spanisch für den Urlaub
Ab Di. 9. Jan., 18:00 – 19:30, 2-mal noch 3 Plätze frei

Chinesisch für Anfänger
Ab Mi. 10. Jan., 19:30 – 21:00, 7-mal noch 1 Platz frei

Kultur und Geschichte Japans
Ab Do. 8. Feb., 16:00 – 17:30, 3-mal Plätze frei

Lecker kochen ohne Fleisch
Sa. 20. Jan., 10:00 – 12:00, 1-mal keine Plätze frei

Fotografieren mit dem Smartphone
Sa. 20. Jan., 14:00 – 16:00, 1-mal Plätze frei

Volkshochschule Passau

1 これは 1 月と 2 月の講座案内である。
2 英語講座にはまだ空きがある。
3 スペイン語を 1 日で学べる講座がある。
4 中国語の講座は全 7 回である。
5 日本語が学べる講座がある。
6 午前中に開催される講座もある。
7 肉料理の作り方が学べる講座がある。
8 日曜日に開催される講座がある。

5級

2023年度 冬期 ドイツ語技能検定試験

筆記試験 解答用紙

受験番号	氏名

手書き数字見本

曲げない　すきまを開ける　上につき出す　角をつける　閉じる

0 1 2 3 4 5 6 7 8 9

横線つけない　角をつける　閉じる

1

(a)		(b)		(c)		(d)	

2 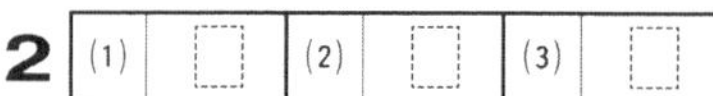

(1)		(2)		(3)	

3 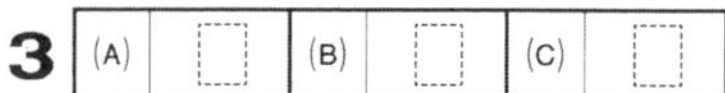

(A)		(B)		(C)	

4 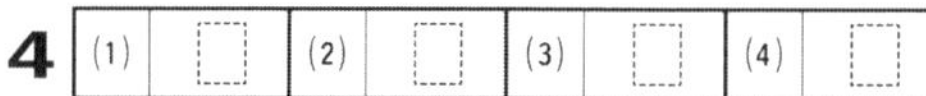

(1)		(2)		(3)		(4)	

5 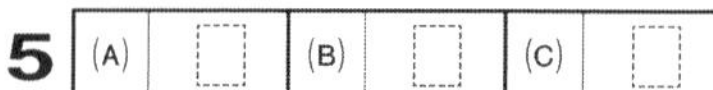

(A)		(B)		(C)	

6 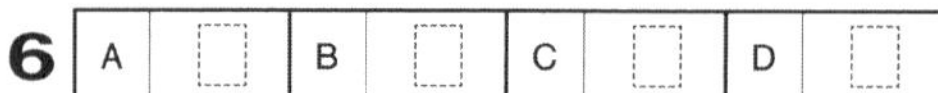

A		B		C		D	

7

8

05

2023年度 冬期 ドイツ語技能検定試験

5級

聞き取り試験　解答の手引き

（試験時間　約20分）

出題は新しい正書法（単語のつづり方などに関する規則）に従います。解答は新旧いずれの方式でも認めます。

――注　　意――

■受験票と机の上の受験番号が同じであることを確認してください。

■携帯電話，スマートフォン，スマートウォッチ等の電子機器類は電源を切り，カバン等にしまってください。机の上に置いてはいけません。

■中途退場は認めません。

①指示があるまでページを開いてはいけません。

②聞き取り試験は3部から成り立っています。

③試験監督者の指示に従って，解答用紙の所定の欄に，受験番号・氏名を記入してください。

④放送の指示でページを開き，解答のしかたをよく読んでください。
解答のしかたと選択肢などが，2～3ページに示されています。

⑤解答は黒のHB以上の鉛筆で強めに記入してください。
書き直す場合には，消しゴムできれいに消してから記入してください。

⑥**解答はすべて試験時間内に解答用紙の指定された箇所に記入してください。**

⑦記入する数字は，下記の見本に従って書いてください。

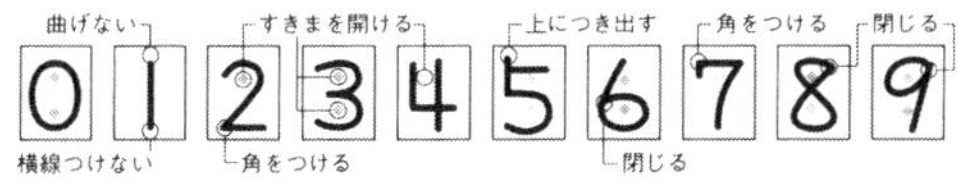

⑧アルファベットは大文字と小文字の判別ができるようにはっきりと書いてください。

■試験が終わっても，指示があるまで席を立たないでください。

■解答用紙は持ち帰ってはいけません。

■この問題冊子の無断転載，無断複製を禁じます。

06

第１部　Erster Teil

1. 第１部は，問題（**1**）から（**5**）まであります。
2. まずドイツ語の短い文章を２回放送します。
3. それを聞いて，その文章の内容を最も適切に表している絵をそれぞれ**1**～**4**から一つ選び，その番号を解答用紙の所定の欄に記入してください。
4. 以下，同じ要領で問題（**2**），（**3**）と進みます。
5. 次に，問題（**4**）では数字を聞き取り，その答えを算用数字で解答用紙の所定の欄に記入してください。
6. 次に，問題（**5**）では動詞を聞き取り，その答えを解答用紙の所定の欄に記入してください。
7. 最後に，問題（**1**）から（**5**）までをもう一度通して放送します。
8. メモは自由にとってかまいません。

（**1**）

（**2**）

（**3**）

（**4**）Heute mache ich Kartoffelsalat. Ich brauche □ Kartoffeln.

（**5**）Am Abend ______________ ich gern einen Film.

07

第 2 部　Zweiter Teil

1. 第 2 部は，問題 (**6**) から (**8**) まであります。
2. まずドイツ語の短い文章を放送します。次にその文章についての質問として，問題 (**6**) から (**8**) を放送します。
3. それを聞いた上で，それぞれの問いの選択肢 **1** ～ **3** から質問の答えとして最も適したものを選び，その番号を解答用紙の所定の欄に記入してください。
4. 文章と質問は，合計 3 回放送します。
5. メモは自由にとってかまいません。

(**6**)　**1**　Sie ist Ärztin.　**2**　Sie ist Lehrerin.　**3**　Sie ist Studentin.

(**7**)　**1**　Musik hören.　**2**　Reisen.　**3**　Tanzen.

(**8**)　**1**　Nach Berlin.　**2**　Nach Heidelberg.　**3**　Nach Leipzig.

08

第 3 部　Dritter Teil

1. 第 3 部は，問題 (**9**) から (**11**) まであります。
2. まずドイツ語の短い会話を続けて 2 回放送します。それを聞いて，その会話の状況として最も適したものを，下の **1** ～ **3** から選び，その番号を解答用紙の所定の欄に記入してください。
3. 以下，同じ要領で問題 (**11**) まで順次進みます。
4. 最後に，問題 (**9**) から (**11**) までをもう一度通して放送します。そのあと，およそ 1 分後に試験終了のアナウンスがあります。試験監督者が解答用紙を集め終わるまで席を離れないでください。
5. メモは自由にとってかまいません。

1　食事に誘っている。

2　レストランで支払いをしようとしている。

3　週末の過ごし方について話している。

(**9**)

(**10**)

(**11**)

5級 2023年度 冬期 ドイツ語技能検定試験

聞き取り試験 解答用紙

受験番号	氏名

手書き数字見本

曲げない　すきまを開ける　上につき出す　角をつける　閉じる

0 1 2 3 4 5 6 7 8 9

横線つけない　角をつける　閉じる

【第 1 部】

(1)		(2)		(3)	

(4) Heute mache ich Kartoffelsalat. Ich brauche [ ] Kartoffeln.

(5) Am Abend ____________ ich gern einen Film.

採点欄

【第 2 部】

(6)		(7)		(8)	

【第 3 部】

(9)		(10)		(11)	

冬期《5級》　ヒントと正解

【筆 記 試 験】

1 動詞の現在人称変化

正 解　(**a**)　**1**　　(**b**)　**3**　　(**c**)　**3**　　(**d**)　**1**

動詞の現在人称変化に関する問題です。動詞は「語幹」と「語尾」で構成されており，語尾は主語の「人称」と「数」によって形が決まります。問題では，主語にふさわしい動詞の人称変化形を選ぶことが求められています。「人称」「数」に対応する語尾を確実に覚えるだけでなく，各文の主語がどの語か，特に主語が代名詞の場合は「人称」「数」を慎重に確認しましょう。また不規則に変化する動詞も確実に覚えておきましょう。

問題文は「私にはダニエルとミヒャエルという 2 人の兄弟がいます。ダニエルは漫画を読むのが好きで，ミヒャエルは音楽を聴くのが好きです。彼らは今日一緒に映画に行きます」という意味です。

(**a**) haben (〜を持っている) の現在人称変化を問う問題です。問題文の主語 ich (私) は 1 人称単数で，語幹に語尾 -e をつけて habe となります。したがって，正解は選択肢 **1** です。ただ haben は不規則変化動詞で，主語が du のときには語幹の b がとれて hast，主語が 3 人称単数 er / sie / es の場合も語幹の b がとれて hat となるので注意しておきましょう。[正解率 98.09%]

(**b**) lesen (読む) の現在人称変化を問う問題です。lesen は不規則変化動詞で，主語が親称 2 人称単数 du と 3 人称単数 er / sie / es のときに語幹の母音 e が ie に変わり，du liest / er liest と人称変化します。問題文の主語は Daniel という男性名で，代名詞で言い換えれば er となる 3 人称単数ですから，人称変化形は liest となります。したがって，正解は選択肢 **3** です。同様に変化する動詞として sehen (見る) もよく使われるので，覚えておきましょう。[正解率 58.85%]

(**c**) hören (聞く) の現在人称変化を問う問題です。hören は規則変化動詞です。問題文の主語は und の後で Michael という男性名に変わっています。代名詞で言い換えれば (**b**) と同様に 3 人称単数 er ですから，3 人称単数 er / sie / es

のときの語尾 -t を語幹 hör につけた hört が人称変化形となります。したがって，正解は選択肢 **3** の hört です。［正解率 94.02%］

（**d**）gehen（行く）の現在人称変化を問う問題です。gehen は規則的に人称変化します。問題文の主語である代名詞 Sie は，3 人称単数の sie（彼女は），3 人称複数の sie（彼ら／彼女ら／それらは），敬称 2 人称単数・複数の Sie（あなたは／あなたがたは）のいずれかの可能性があります。文頭に置かれているために S が大文字書きされているので敬称 2 人称の Sie と混同しがちですが，文脈を追うと，この Sie は Daniel と Michael 両者を指しており，3 人称複数 sie（彼ら）を表す代名詞とわかります。この場合の語尾は -en ですから，人称変化形は語幹 geh に -en をつけた gehen となります。したがって，正解は選択肢 **1** です。［正解率 82.78%］

◇この問題は 12 点満点（配点 3 点×4）で，平均点は 10.01 点でした。

1 ここがポイント！

＊主語がどれか，その人称と数をしっかり把握しよう！
＊主語と語尾の組み合わせを確実に覚えよう！
＊語幹の母音が不規則に変化する動詞に注意しよう！
＊普段から，外国語の人物名を気にかけるようにしておこう！

2 疑問詞・冠詞・代名詞

正解　（**1**）**3**　（**2**）**2**　（**3**）**4**

適切な疑問詞，指示冠詞，人称代名詞を選ぶ問題です。特に代名詞は，性・数・格に応じて形が異なります。変化形を正しく覚えるとともに，文中での役割にも注意する必要があります。

（**1**）疑問詞に関する問題です。問題文は「私はミヒャエルという名前です。きみの名前は？」という意味であると予想されます。正解は選択肢 **3** の wie です。選択肢 **1** の was という疑問代名詞を選んだ解答が 26.56% ありました。「名前は何？」という発想が垣間見えますが，正しくはむしろ「どのように呼ばれているの？」という発想になります。なお，was と heißen を使う表現としては，Was heißt das?「それはどういうこと？」といった例が挙がりますが，この場合の heißen は「～を意味する（bedeuten）」という意味であり，ここで問題の heißen

「〜と呼ばれている，〜という名前だ」とは異なります。[正解率 63.88%]

（**2**）指示冠詞に関する問題です。問題文は「きみはこの教授をどう思う？ —— この教授はかっこいいです」という意味であると予想されます。Professor（教授）は男性名詞です。Professoren ではないことから単数形であることが，また finden（〜を…と思う）という他動詞の目的語であることから 4 格であることがわかります。なお，もし Professor が男性名詞ないし単数形だとわからなくても，応答文 Der ist cool. の Der がそのことのヒントになっています。指示冠詞 dieser は，定冠詞類の一つで，男性単数 4 格の形は diesen となります。したがって正解は選択肢 **2** です。[正解率 60.77%]

（**3**）人称代名詞に関する問題です。問題文は「きみはまだ頭痛がするの？ —— うん，あいかわらず頭痛がする」という意味であると予想されます。頭痛はドイツ語では Kopfschmerzen と複数形で言います。問題の箇所では，die Kopfschmerzen と定冠詞を用いて繰り返すのではなく，人称代名詞で言い換えることが求められています。まず複数にあたる代名詞 sie に思い至ったら，次にそれを適切な格にすることを考えます。応答文の主語ですので，1 格の sie が適切です。したがって正解は選択肢 **4** です。なお，Kopfschmerzen が複数形だとわからなくても，応答文の定形動詞が sind であること，すなわち sein の 3 人称複数形であることがヒントになります。[正解率 64.11%]

◇この問題は 9 点満点（配点 3 点×3）で，平均点は 5.66 点でした。

2 ここがポイント！

＊疑問詞とその意味・用法を覚え，正しく使えるようにしよう！
＊指す／受ける名詞の性・数に応じ適切な代名詞を選び，適切な格で使おう！
＊名詞の性・数が思い出せないときは，周りの語句に手がかりがないか探そう！

3 語彙（異なる意味グループに属する語の選択）

正解　（**A**）**1**　（**B**）**3**　（**C**）**3**

四つの語の中から，意味のグループが他と異なるものを選ぶ問題です。語彙力が試されます。

（**A**）選択肢 **1** の Fluss は「川」，選択肢 **2** の Kuchen は「ケーキ」，選択肢 **3**

の Salat は「サラダ」，選択肢 **4** の Suppe は「スープ」という意味です。この中では，食べ物ではない選択肢 **1** が正解です。[正解率 80.38%]

（**B**）選択肢 **1** の heute は「今日」，選択肢 **2** の gestern は「昨日」，選択肢 **3** の kurz は「短い」，選択肢 **4** の morgen は「明日」という意味です。この中では，日を表さない選択肢 **3** が正解です。[正解率 83.73%]

（**C**）選択肢 **1** の Auge は「目」，選択肢 **2** の Nase は「鼻」，選択肢 **3** の Stern は「星」，選択肢 **4** の Zahn は「歯」という意味です。この中では，顔の部位ではない選択肢 **3** が正解です。選択肢 **4** を選んだ解答が 21.05% ありました。[正解率 54.78%]

◇この問題は 9 点満点（配点 3 点×3）で，平均点は 6.57 点でした。

3 ここがポイント！

＊よく使う語は，話題や場面ごとにまとめて覚える習慣を身につけよう！
＊身近な単語から順に覚えよう！

4 発音とアクセント

正解　（**1**）　**1**　（**2**）　**4**　（**3**）　**4**　（**4**）　**4**

発音，アクセントの位置，文中で強調して発音される語に関する問題です。発音の基本的な規則についての知識や，簡単な会話内容を把握する能力が必要とされます。

（**1**）g の発音に関する問題です。g は語頭または音節の頭では [g] と発音され，語末や音節末では [k] と発音されますが，語末や音節末が ig のときは [ç]（地域によっては [k]）となります。選択肢 **2** の Ent·schul·di·gung（すみません，以下「·」で音節の区切れを示します），選択肢 **3** の Gei·ge（バイオリン），選択肢 **4** の glau·ben（思う）の場合，g は語頭または音節の頭にあるため [g] と発音されます。その一方で，選択肢 **1** の bil·lig（安い）は語末の ig なので [ç] となります。正解は選択肢 **1** です。[正解率 75.84%]

（**2**）下線部の母音 u にアクセントがない単語を選ぶ問題です。語のアクセントは原則として最初の音節に置きます。選択肢 **1** の Be·ruf（職業）は非分離動詞

berufen から派生した名詞であり，アクセントは非分離の前つづりの音節ではなく，第 2 音節の u に置かれます。選択肢 **2** の Fuß·ball（サッカー），選択肢 **3** の Ge·burts·tag（誕生日）はいずれも二つの語の複合語で，最初の語のアクセントが優先されるため，それぞれ下線部分にアクセントが置かれます。なお，Ge·burt は非分離動詞 gebären（産む）から派生した名詞であるため，非分離の前つづりにはアクセントが置かれません。選択肢 **4** の Kul·tur（文化）の場合は外来語で，原則から外れ，アクセントは第 2 音節に置かれます。したがって，正解は選択肢 **4** です。［正解率 45.22%］

（**3**）下線部の母音 a を長く発音する単語を選ぶ問題です。選択肢 **2** の Ja·pan（日本）と選択肢 **3** の Mo·nat（（暦の）月）ではアクセントは最初の音節にあり，アクセントのない下線部の a はいずれも短母音です。選択肢 **1** の Fla·sche（瓶）の a にはアクセントがありますが，二つ以上の子音字の前の母音は短いという原則通り短母音です（ただし waschen の過去形 wusch[vu:ʃ] などの例外もあります）。これらに対し，選択肢 **4** の Va·ter（父）の母音 a は，最初の音節にアクセントが置かれ，かつその後に続く子音字が一つであるため，長母音になります。正解は選択肢 **4** です。［正解率 82.54%］

（**4**）文の中で強調して発音される語を問う問題です。一般的に，文中では最も重要な情報を担う部分が強調して発音されます。**A** は「アンナはミュンヘンに住んでるの？」と尋ねています。これに対して **B** は「いいえ，彼女はケルンに住んでいます」と答えています。**A** の質問は居住地の確認なので，**B** の答えの中で特に重要な情報は都市名の Köln（ケルン）となり，その部分を強調して発音するのが最も自然となるため，正解は選択肢 **4** です。［正解率 90.91%］

◇この問題は 12 点満点（3 点×4）で，平均点は 8.83 点でした。

4 ここがポイント！

＊語のアクセントの位置や母音の長短に関する原則をマスターしよう！
＊外来語の場合，発音やアクセントの原則に関する例外があるので注意しよう！

5 会話の場面理解

正解　（**A**） **4**　（**B**） **3**　（**C**） **1**

短い会話を読み，適切な場所や場面を選ぶ問題です。さまざまな表現を手がかりとした上で，会話の状況を総合的に判断する力が求められます。

(**A**) 会話の内容は次の通りです。

A: 明日の天気はどうですか？
B: いいですよ。晴れます。
A: 素晴らしい。

A が Wetter (天気) という語を使用しているため，この会話が天気に関するものであることがわかります。したがって，正解は選択肢 **4** です。さらに，**B** が今日の天気に関して Sonne (太陽) と scheinen (照る) という語を使って答えているので，今日は晴れることもわかります。［正解率 98.56%］

(**B**) 会話の内容は次の通りです。

A: こんにちは。ブラウスを探しているのですが。
B: こちらはいかがでしょうか。
A: それはあまり素敵ではありません。

A が Bluse (ブラウス) という語を使用しているため，この会話が衣類に関するものであることがわかります。さらに，suchen (探している)，wie finden Sie (いかがですか) という表現などから，洋服店での客と店員の会話であることが推測できます。したがって，正解は選択肢 **3** です。［正解率 93.54%］

(**C**) 会話の内容は次の通りです。

A: 余暇には何をするのが好きですか？
B: 友達と旅行するのが好きです。あなたは？
A: ピアノを弾くのが好きです。

この会話では **A** と **B** が gern (好んで) という語を使って自分の好きなことについて述べています。**B** は mit Freunden reisen (友だちと旅行する)，**A** は Klavier spielen (ピアノを弾く) と答えています。さらに，それは Freizeit (余暇) に行うということで，ここではお互いの趣味について会話が交わされていることが推測できます。したがって，正解は選択肢 **1** です。［正解率 95.69%］

◇この問題は 9 点満点 (配点 3 点×3) で，平均点は 8.63 点でした。

5 ここがポイント！

＊テキスト全体を読み，キーワードを探し出そう。
＊鍵となる語彙や言い回しを手がかりに，会話の場所や場面を推測しよう！

6 初歩の会話表現

正解 (A) 3　(B) 1　(C) 1　(D) 3

短い会話文を読み，日本語で記されている内容に対応するドイツ語表現を選ぶ問題です。基本的な会話表現を覚えておくことが大切です。

内容：
マークス：　今日は大学の後に何をするの？
アネッテ：　うーん，まだわからないんだ。(**A** 劇場に行こうかなぁ。)
マークス：　(**B** それはいいね。) 一緒に行かない？
アネッテ：　喜んで。
マークス：　(**C** 何時に始まるの？) 午後にもう一つ講義があるんだ。
アネッテ：　19 時半だと思うよ。
マークス：　それなら問題ないや。
アネッテ：　よかった。(**D** また後でね！)

(**A**) 三つの選択肢は，Vielleicht gehe ich ...（おそらく私は…に行く）の部分が共通し，最後のフレーズの部分だけが異なっています。選択肢 **1** の ins Kino は「映画館に」，選択肢 **2** の in die Bibliothek は「図書館に」，選択肢 **3** の ins Theater は「劇場に」という意味です。ここでは，選択肢 **3** が正解です。[正解率 90.67%]

(**B**) 選択肢 **1** の Gute Idee は「いいアイディアだね」，選択肢 **2** の Guten Tag は「こんにちは」，選択肢 **3** の Gute Reise は「よい旅を」という意味です。ここでは，「劇場に行こうかな」と言うアネッテの発言に対する反応なので，選択肢 **1** が正解です。[正解率 95.69%]

(**C**) 選択肢 **1** の Wann beginnt das? は「それは何時に始まるの？」，選択肢 **2** の Wie spät ist es? は「何時？」，選択肢 **3** の Wann hast du Zeit? は「いつ時間があるの？」という意味です。ここの文脈では，劇場での演劇の開始時刻を尋ねているので，選択肢 **1** が正解です。なお，選択肢 **2** は現在の時刻を尋ねる表現で

す。［正解率 91.87%］

（**D**）選択肢 **1** の Bis morgen! は「また明日！」，選択肢 **2** の Ach, schade! は「ああ，残念！」，選択肢 **3** の Bis später! は「また後でね！」という意味です。ここの文脈では，アネッテとマークスの 2 人は，その日マークスが講義を受けた後に合流することがわかるため，選択肢 **3** が正解です。［正解率 84.21%］

◇この問題は 12 点満点（配点 3 点×4）で，平均点は 10.87 点でした。

6 ここがポイント！

＊身近な事柄に関わる名詞や動詞を身につけよう！
＊人称代名詞や動詞の人称変化を確実にマスターしよう！
＊日常でよく使われる挨拶や別れるときの表現を覚えておこう！

7 短いテキストの内容理解

正 解　**1**，**4**（順序は問いません）

短いテキストを読み，要点を理解できるかどうかを問う問題です。テキスト中の語句を手がかりに正確な内容を把握する力が求められます。

内容：
私はゾフィー，今ミュンヘンで一人暮らしをしています。私の部屋には机が一つ，椅子が二つ，棚が一つにベッドが一つあります。窓の横の壁には絵画が一枚掛かっています。机の上には電気スタンドが一つ置かれています。残念だけどまだソファーがありません。

選択肢 **1** は，最初の文の「今，ミュンヘンで一人暮らしをしています」という内容と一致するので正解です。［正解率 85.89%］　選択肢 **2** は第 2 文の後半の「棚が一つ」という内容と矛盾するので不正解です。選択肢 **3** は第 3 文の「窓の横の壁」という内容と一致しないので不正解です。テレビ（Fernseher）についてはテキストの中で言及されていません。選択肢 **4** は第 4 文の「机の上には電気スタンドが一つ置かれています」という内容と一致するので正解です。［正解率 82.06%］したがって，この問題の正解は選択肢 **1** と選択肢 **4** です。なお，選択肢 **2** を選んだ解答が 24.64%，選択肢 **3** を選んだ解答が 7.42% ありました。

◇この問題は6点満点（配点3点×2）で，平均点は5.04点でした。

7 ここがポイント！

＊テキスト全体から，重要な情報を正確に読み取ろう！
＊名詞が単数形なのか複数形なのか，不定冠詞 ein や数詞など，細かい点に注意しながら内容を把握しよう！

8 重要情報の読み取り

正解　**1，4，6**（順序は問いません）

ドイツ語の文字情報を手がかりにして要点を把握する問題です。広告や掲示，パンフレットなどの場合，情報は文形式で提示されるとは限らず，キーワードだけで簡潔に表されることが多くあります。そうした場合にも，与えられた情報を手がかりにしながら，的確に内容を把握する力が求められます。問題では，ある市民大学の講座案内が題材として取り上げられています。

内容：

2024年1月と2月の講座

上級者のための英語
　1月8日（月）から，18：00－19：30，7回　残席なし
休暇旅行のためのスペイン語
　1月9日（火）から，18：00－19：30，2回　残席3
初級者のための中国語
　1月10日（水）から，19：30－21：00，7回　残席1
日本の文化と歴史
　2月8日（木）から，16：00－17：30，3回　残席あり
肉を使わずおいしく料理
　1月20日（土），10：00－12：00，1回　残席なし
スマートフォンで写真を撮る
　1月20日（土），14：00－16：00，1回　残席あり

パッサウ市民大学

案内されている講座は六つあり，それぞれの講座名の下に，開講日，時間，回数，残席情報が挙げられています。以下，選択肢 **1** から選択肢 **8** まで順に確認していきます。

冒頭にある通り 2024 年 1 月 (Januar) と 2 月 (Februar) の講座案内です。したがって選択肢 **1** は正解です。なお，ドイツ語で日付を言う際は，曜日，日，月，年の順番になります。［正解率 98.33%］

英語講座としては，上級者のための英語 (Englisch für Fortgeschrittene) がありますが，残席なし (keine Plätze frei) とあるので，選択肢 **2** は不正解です。

スペイン語講座としては，休暇旅行のためのスペイン語講座 (Spanisch für den Urlaub) がありますが，2 回 (2-mal) とあること，ならびに前置詞 ab (〜から) を使って複数日にわたると示されていることから，選択肢 **3** は不正解です。

中国語講座としては，初級者のための中国語 (Chinesisch für Anfänger) があり，7 回 (7-mal) と書かれているので，選択肢 **4** は正解です。［正解率 86.12%］

日本に関する講座としては，日本の文化と歴史 (Kultur und Geschichte Japans) がありますが，日本語が学べるとは書かれていないので，選択肢 **5** は不正解です。

肉を使わずおいしく料理 (Lecker kochen ohne Fleisch) という講座は，開講時間が 10 時から 12 時までと，すなわち午前中となっているので，選択肢 **6** は正解です。［正解率 93.30%］

料理講座としては，肉を使わずおいしく料理 (Lecker kochen ohne Fleisch) がありますが，ohne Fleisch (肉なしで) ということなので，選択肢 **7** は不正解です。

日曜日 (Sonntag: So.) に開かれるという講座は案内されていなので，選択肢 **8** は不正解です。

◇この問題は 9 点満点 (配点 3 点×3) で，平均点は 8.33 点でした。

8 ここがポイント！

＊案内，広告，パンフレットなどの場合，知らない単語が含まれていることも多いですが，知っている語句や表記を手がかりにして要点を抜き出していこう！

＊月，曜日，時間などに関する表現を覚えよう！

【聞き取り試験】

第1部 短い文章の聞き取りと数字の書き取り

正解 (1) 4 (2) 1 (3) 4 (4) 5 (5) sehe

放送された短いテキストを聞き取り，その内容を表すのに最も適した絵を選ぶ問題，および，放送されたテキストに含まれる数詞や単語を書き取る問題です。問題 (**1**) から (**3**) ではキーワードを，問題 (**4**) では数を，(**5**) では動詞を聞き取ることが求められます。

放送 問題**1**: Ich habe Durst. Ich trinke ein Glas Wasser.

内容: 喉が渇いた。水を一杯飲もう。

話題になっている飲み物が何かを選ぶ問題です。放送されたテキストでは「水を一杯」(ein Glas Wasser) と言っています。したがって，正解は選択肢**4**です。[正解率 91.15%]

放送 問題**2**: Am Wochenende fahre ich gern Fahrrad.

内容: 週末は自転車で走るのが好きです。

話題となっている乗り物が何かを選ぶ問題です。放送されたテキストでは，「自転車」(Fahrrad) で「走る」(fahren) と言っています。したがって，正解は選択肢**1**です。なお，選択肢**3**を選んだ解答が 15.79% ありました。[正解率 71.29%]

放送 問題**3**: Wir haben eine Katze. Sie heißt Lucy.

内容: 私たちには猫がいます。名前はルーシーです。

話題になっている動物が何かを選ぶ問題です。放送されたテキストでは「猫」(Katze) と言っています。したがって，正解は選択肢**4**です。[正解率 97.85%]

放送 問題**4**: Heute mache ich Kartoffelsalat. Ich brauche fünf Kartoffeln.

内容: 今日はポテトサラダを作ります。じゃがいもが五つ必要です。

数を書き取る問題です。「解答の手引き」には Heute mache ich Kartoffelsalat. Ich brauche □ Kartoffeln. と記載されています。空欄には 1 桁の数字を記入する必要があります。放送されたテキストでは fünf (5) と言っているので，正解は **5** です。[正解率 95.69%]

放 送　問題 **5**:　Am Abend sehe ich gern einen Film.

内容:　晩は映画を見るのが好きです。

動詞を書き取る問題です。「解答の手引き」には Am Abend ______ ich gern einen Film. と記載されています。下線部には定動詞第 2 位の原則から動詞が入ることがわかります。正解は動詞 sehen (見る) の 1 人称単数形 **sehe** です。なお，sehr という解答が多く見受けられました。[正解率 59.80%]

◇この問題は 17 点満点 (問題 **1** から問題 **3** まで配点 3 点×3，問題 **4** と問題 **5** の配点 4 点×2) で，平均点は 13.86 点でした。

第 1 部　ここがポイント！

＊キーワードや数，単語を正確に聞き取ろう！

＊絵や文字などの視覚情報は，聞き取りの手助けになるため，積極的に活用しよう！

第 2 部　テキストの重要情報の聞き取り

正 解　**(6)　3　　(7)　3　　(8)　2**

放送されるドイツ語のテキストを聞き，その内容に関する質問に答える問題です。質問もドイツ語で放送されます。

放 送

Katrin kommt aus Berlin und wohnt jetzt mit ihrer Freundin Martina in Leipzig. Sie studieren Musik. Katrin geht gern ins Kino und Martina tanzt gern. Bald machen sie eine Reise nach Heidelberg und besuchen Martinas Bruder. Er heißt Lukas und arbeitet als Arzt.

内容:　カトリンはベルリン出身で，今は友人マルティーナと一緒にライプツィヒに住んでいます。彼女らは音楽を専攻しています。カトリンは映画に行くのが好きで，マルティーナは踊るのが好きです。まもなく彼女らはハイデルベルクへ旅行し，マルティーナの兄を訪ねます。彼はルーカスという名前で，医者として働いています。

放送 問題 **6**: Was ist Katrin von Beruf?

質問は「カトリンの職業は何ですか？」という意味です。テキストでは「彼女ら（カトリンとマルティーナ）は大学で音楽を専攻しています」と述べられています。したがって正解は，選択肢 **3** の Sie ist Studentin. です。選択肢 **1** の Sie ist Ärztin. は「彼女は医者です」で，選択肢 **2** の Sie ist Lehrerin. は「彼女は教師です」という意味です。Beruf（職業）と言われると，具体的な職業名を答えたくなるかもしれませんが，大学生という身分を答えることもあり得ると覚えておきましょう。［正解率 60.05%］

放送 問題 **7**: Was macht Martina gern?

質問は「マルティーナは何をするのが好きですか？」という意味です。テキストでは「マルティーナは踊るのが好きです」と述べられています。選択肢には動詞の不定詞（句）が並んでいますが，ドイツ語では動詞の不定詞が「〜すること」の意味で名詞的に扱われることがあります。したがって正解は tanzt の不定形である選択肢 **3** の Tanzen. です。なお選択肢 **1** の Musik hören. は「音楽を聴くこと」，選択肢 **2** の Reisen. は「旅行すること」という意味です。［正解率 75.84%］

放送 問題 **8**: Wohin fahren Katrin und Martina?

質問は「カトリンとマルティーナはどこへ行くのですか？」という意味です。選択肢には行先を表す前置詞の nach と地名の組み合わせが三つありますが，テキストでは「まもなく彼女らはハイデルベルクへ旅行し」と述べられています。選択肢 **1** の Nach Berlin. は「ベルリンへ」，選択肢 **3** の Nach Leipzig. は「ライプツィヒへ」という意味ですが，ベルリンはカトリンの出身地，ライプツィヒはカトリンとマルティーナの居住地です。したがって正解は，選択肢 **2** の Nach Heidelberg. です。［正解率 61.96%］

◇この問題は 9 点満点（配点 3 点×3）で，平均点は 5.94 点でした。

第2部 ここがポイント！

＊キーワードとなる名詞を聞き取れるよう，普段から発音もよく練習しておこう。

＊問題文中の reisen が問いでは fahren で言い換えられているように，同じような意味になる表現のバリエーションを確認しておこう。

第3部 会話の場面理解

正解 (9) 2 (10) 3 (11) 1

放送された三つの短い会話を聞き，それぞれの会話の状況を把握する問題です。聞き取りの際には，キーワードを的確に理解し，全体としてどのようなことが述べられているのかを掴むことが重要です。

放送 問題 **9**

A: Entschuldigung, zahlen bitte!

B: Ich komme sofort! So, zusammen oder getrennt?

A: Zusammen bitte!

内容:

A: すみません，お会計をお願いします。

B: ただいま参ります。さて，一緒にお支払いでしょうか別々でしょうか？

A: 一緒でお願いします。

男性 (**A**) が,「お会計をお願いします」(zahlen bitte!) と言っています。また，対応している女性 (**B**) はウェイトレス (Kellnerin) と考えられます。したがって，正解は選択肢 **2** です。[正解率 97.37%]

放送 問題 **10**

A: Was machst du am Wochenende?

B: Ich spiele oft Tennis.

A: Wirklich? Ich auch!

内容:

A: 週末に何をしますか？

B: よくテニスをするんです。

A: 本当？ 私もです！

女性 (**A**) が男性 (**B**) に,「週末に何をしますか？」(Was machst du am Wochenende?) と尋ねています。したがって，正解は選択肢 **3** です。[正解率 98.80%]

放送 問題 **11**

A: Hast du heute Abend Zeit?

B: Ja. Warum?

A: Gehen wir mal japanisch essen?

内容:

A: 今日の夕方空いてる？

B: ええ。なぜ？

A: 日本料理を食べに行かない？

男性 (**A**) が「動詞＋wir ...?」という勧誘表現を使って女性 (**B**) を食事に誘っています。したがって，正解は選択肢 **1** です。[正解率 97.61%]

◇この問題は 9 点満点 (配点 3 点×3) で，平均点は 8.81 点でした。

第3部 ここがポイント！

＊会話の中で重要なキーワードを聞き取ろう！

＊内容が全部わからなくても，聞き取れる語句を手がかりにテーマを推測しよう！

＊語彙を増やして聞き取り能力をアップさせよう！

4級

4級 (Anfängerstufe)
検定基準

■基礎的なドイツ語を理解し，初歩的な文法規則を使って日常生活に必要な表現や文が運用できる。

■家族，学校，職業，買い物など身近な話題に関する会話ができる。
簡単な手紙や短い文章の内容が理解できる。
比較的簡単な文章の内容を聞き，質問に答え，重要な語句や数字を書き取ることができる。

■対象は，ドイツ語の授業を約 60 時間 (90 分授業で 40 回) 以上受講しているか，これと同じ程度の学習経験のある人。

2023年度 夏期 ドイツ語技能検定試験

4級

筆記試験　問題

（試験時間　60 分）

出題は新しい正書法（単語のつづり方などに関する規則）に従います。解答は新旧いずれの方式でも認めます。

——注　意——

■受験票と机の上の受験番号が同じであることを確認してください。
■携帯電話，スマートフォン，スマートウォッチ等の電子機器類は電源を切り，カバン等にしまってください。机の上に置いてはいけません。
■中途退場は認めません。退場は試験放棄となります。

①問題冊子は試験開始の合図があるまで，開いてはいけません。
②問題冊子は表紙・裏表紙を含めて 8 ページあります。
余白は下書き・メモ用に使ってかまいません。
③試験監督者の指示に従って，解答用紙の所定の欄に，受験番号・氏名を記入してください。
④解答は黒の HB の鉛筆で強めに記入してください。
書き直す場合には，消しゴムできれいに消してから記入してください。
⑤**解答はすべて解答用紙の指定された箇所に記入してください。**
⑥記入する数字は，下記の見本に従って書いてください。

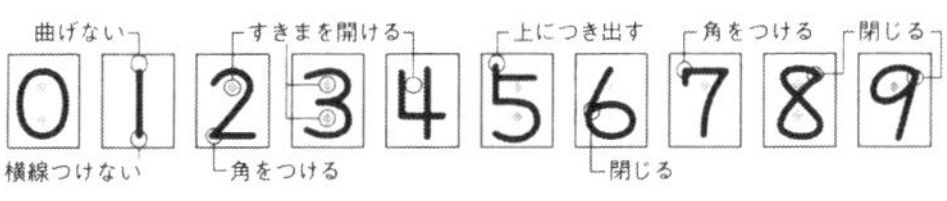

■試験が終わっても，指示があるまで席を立たないでください。
■解答用紙は持ち帰ってはいけません。
■この問題冊子の無断転載，無断複製を禁じます。

1 次の (1) ～ (4) の条件にあてはまるものが各組に一つずつあります。それを下の 1 ～ 4 から選び，その番号を解答欄に記入しなさい。

(1) 下線部の発音が他と異なる。

1 Abend　2 Gebäude　3 Nachbar　4 Schreibtisch

(2) 下線部にアクセント（強勢）がない。

1 Fenster　2 Kalender　3 Keller　4 Restaurant

(3) 下線部が長く発音される。

1 Flughafen　2 Gruppe　3 Luftpost　4 Rucksack

(4) 問い **A** に対する答え **B** の下線の語のうち，通常最も強調して発音される。

A: Wohin soll ich den Schlüssel hängen?
B: Du kannst ihn an den Kühlschrank hängen.

1 kannst　2 ihn　3 Kühlschrank　4 hängen

2 次の (1) ～ (4) の文で（　）の中に入れるのに最も適切なものを下の 1 ～ 4 から選び，その番号を解答欄に記入しなさい。

(1) Frank sitzt im Café. Der Kellner kommt und (　　) ihm die Speisekarte.

1 gebe　2 geben　3 gebt　4 gibt

(2) Matthias, du (　　) so viel, aber du machst nie etwas.

1 rede　2 reden　3 redest　4 redet

(3) Opa, hast du immer noch kein Smartphone? (　　) doch endlich ein Smartphone!

1 Kauf　2 Kaufen　3 Kaufst　4 Kauft

(4) Peter spielt sehr gern Tennis. Aber Fußball (　　) er nicht.

1 mag　2 magst　3 mögen　4 mögt

3

次の (1) ~ (4) の文において（　）の中に入れるのに最も適切なものを，下の 1 ~ 4 から選び，その番号を解答欄に記入しなさい。

(1) Ich habe Durst. Ich bestelle (　　) Apfelsaft.

1 einem　　2 einen　　3 einer　　4 eines

(2) Morgen beginnen die Sommerferien. In (　　) Ferien fahre ich nach Spanien.

1 dem　　2 den　　3 der　　4 des

(3) Zwei Männer stehen vor (　　) Haus.

1 uns　　2 unser　　3 unserem　　4 unseres

(4) (　　) Rock gefällt dir? – Den finde ich schön.

1 Welchem　　2 Welchen　　3 Welcher　　4 Welches

4

次の (1) ~ (4) の文で（　）内の語を挿入して文を完成させる場合，最も適切な箇所はどこですか。[1] ~ [4] から選び，その番号を解答欄に記入しなさい。

(1) (es)

Katja, Paul möchte ein Glas Bier. Kannst [1] du [2] ihm [3] bitte bringen [4] ?

(2) (bald)

Der Sommer [1] ist [2] zu Ende [3] und es wird kalt [4] .

(3) (an)

Katrin [1] beginnt ab Oktober [2] ihr Studium [3] der Humboldt-Universität [4] .

(4) (so)

In der Bibliothek [1] darf [2] man nicht [3] laut sprechen [4] .

5 次の **(1)** ～ **(4)** の文で（　　）の中に入れるのに最も適切なものを下の **1** ～ **4** から選び，その番号を解答欄に記入しなさい。

(1) Ich kann meinen Computer nicht starten. Er ist (　　).

1 genug　**2** gesund　**3** kaputt　**4** nett

(2) Am Sonntag (　　) wir den 80. Geburtstag meines Großvaters.

1 essen　**2** feiern　**3** freuen　**4** wünschen

(3) Wie lange arbeitest du? – (　　) 9 bis 17 Uhr.

1 Aus　**2** In　**3** Von　**4** Vor

(4) In meiner (　　) gehe ich oft schwimmen und lese gerne Bücher.

1 Ampel　**2** Freizeit　**3** Krankheit　**4** Prüfung

6 次の **(1)** ～ **(4)** の会話が完成するように，（　　）の中に入れるのに最も適切なものを下の **1** ～ **4** から選び，その番号を解答欄に記入しなさい。

(1) **A**: Morgen fahre ich zum ersten Mal nach Okinawa!
B: Oh, toll! (　　)!

1 Gute Besserung　**2** Guten Appetit
3 Keine Ahnung　**4** Viel Spaß

(2) **A**: Wann ist Herr Meier wieder im Büro?
B: (　　).

1 Bis morgen　**2** In einer Stunde
3 Letztes Jahr　**4** Vor einer Minute

(3) **A**: Hast du heute Unterricht?
B: (　　).

1 Ja, danke gut
2 Ja, Englisch bei Frau Decker
3 Nein, Deutsch und Mathematik
4 Nein, um elf Uhr

(4) **A**: Wie gefällt Ihnen das Hemd?
B: (　　).

1 Es ist voll　**2** Falsch
3 Ich suche ein Hemd　**4** Sehr gut

7 以下は，Daniela が友人 Lisa と Tommy に宛てたメールです。このメールを読んで，次の **1** ～ **5** の中で内容に当てはまるものに **1** を，当てはまらないものに **2** を解答欄に記入しなさい。

Von: Daniela
An: Lisa, Tommy
Betreff: Wandern?
Am: 01.08.2023

Liebe Lisa, lieber Tommy,

wie geht's euch?
Am Sonntag mache ich mit meiner Freundin Rena einen Ausflug zum Kleinberg. Sie studiert auch in Zürich Biologie. Wollt ihr vielleicht mit uns wandern gehen? Das wird bestimmt lustig.
Ich treffe Rena um 8:30 Uhr am Hauptbahnhof Zürich und wir fahren mit dem Zug nach Walddorf. Unser Zug fährt um 9:00 Uhr ab und wir fahren ungefähr 50 Minuten. Aber ihr könnt auch mit dem Auto fahren.
Von Walddorf können wir in zwei Stunden zum Kleinberg wandern. Auf dem Kleinberg gibt es viel Natur. Wir können dort viele Tiere wie Pferde und Kühe sehen, aber auch viele schöne Blumen und Pflanzen. Zu Mittag essen wir in einem Gasthaus.
Der Kleinberg ist nicht so hoch. Deshalb braucht man keine Wanderschuhe. Sportschuhe sind genug.
Schreibt mir mal zurück!

Viele Grüße
Daniela

1 Daniela und Rena wandern am Sonntag.

2 Vom Hauptbahnhof Zürich bis zum Kleinberg dauert es zwei Stunden.

3 Daniela und Rena kommen um 9:15 Uhr in Walddorf an.

4 Auf dem Kleinberg gibt es viele Blumen und Tiere.

5 Lisa und Tommy müssen beim Ausflug keine Wanderschuhe tragen.

8

以下は，ドイツに語学研修に来たエミが，ホームステイ先の女性（Steffi）とかわしている会話です。空欄（ **a** ）～（ **e** ）に入れるのに最も適切なものを下の **1** ～ **8** から選び，その番号を解答欄に記入しなさい。

Steffi: Sieh mal, Emi. Da ist dein Zimmer.
Emi: Oh, das Zimmer ist sehr schön!
Steffi: Es gibt ein Bett, einen Tisch, einen Stuhl und ein Regal.
Emi: (**a**)
Steffi: Ja, natürlich. Er ist im Wohnzimmer. (**b**)
Emi: Ab Montag beginnt der Unterricht.
Steffi: Und? Bist du schon gespannt?
Emi: Ja, sehr. Aber ich kenne den Weg nicht. (**c**) Sie liegt in der Königsbrücker Straße.
Steffi: Ich zeige dir heute Abend den Weg zur Schule. In der Königsbrücker Straße gibt es auch ein Restaurant. (**d**) Ich möchte dich einladen!
Emi: Vielen Dank! (**e**)

1 Wie komme ich zum Restaurant?

2 Wie komme ich zur Sprachschule?

3 Das ist sehr nett von dir.

4 Sie ist sehr freundlich.

5 Gibt es auch einen Fernseher?

6 Gibt es auch eine Waschmaschine?

7 Da kann man gut essen.

8 Sag mal, wann beginnt dein Deutschkurs?

9 次の文章は，タロウが観光案内所を訪れた際のできごとについて書かれたものです。内容に合うものを下の **1** ～ **8** から四つ選び，その番号を解答欄に記入しなさい。ただし，番号の順序は問いません。

Taro besucht heute die Touristeninformation. Er hat morgen frei und möchte gerne eine Stadtrundfahrt mit dem Bus machen. Am Schalter fragt er die Frau nach einer Tour. Sie zeigt ihm zwei Touren. Tour 1 dauert zwei Stunden. Der Bus fährt vom Hauptbahnhof ins Stadtzentrum. Bei der Tour kann man viele alte Häuser sehen und die Geschichte der Stadt kennenlernen. Die Frau am Schalter empfiehlt aber eine andere Tour. Tour 2 ist eine Tagestour. Bei Tour 2 fährt der Bus vom Stadtzentrum durch den Weingarten und bis zum Schloss am See. Die Frau findet das Schloss sehr schön. Es ist auch international berühmt. Die Tour dauert ein bisschen länger und endet um 16:30 Uhr im Stadtzentrum. Diese Tagestour findet Taro interessant, aber er möchte auch den Dom und das Rathaus im Stadtzentrum sehen. Die Frau sagt, das ist kein Problem. Denn bei jeder Tour kann man den Dom und das Rathaus sehen. Taro kauft also eine Fahrkarte für die Tagestour.

1 タロウは明日は朝のみ時間が空いている。

2 街を観光するバスツアーは 2 種類ある。

3 ツアー 1 は街の歴史が学べ，ワイン農園を通る。

4 ツアー 2 は街の中心部を通る。

5 湖のほとりにある城は国際的にも有名である。

6 観光案内所の女性のおすすめはツアー 1 である。

7 ツアー 2 は 16 時 30 分に終わる。

8 タロウは大聖堂と市庁舎を見たいので，ツアー 1 のチケットを購入する。

4級　　2023年度 夏期 ドイツ語技能検定試験

筆記試験 解答用紙

受験番号	氏　　名

手書き数字見本

曲げない　すきまを開ける　上につき出す　角をつける　閉じる

0 1 2 3 4 5 6 7 8 9

横線つけない　角をつける　閉じる

1	(1)		(2)		(3)		(4)			
2	(1)		(2)		(3)		(4)			
3	(1)		(2)		(3)		(4)			
4	(1)		(2)		(3)		(4)			
5	(1)		(2)		(3)		(4)			
6	(1)		(2)		(3)		(4)			
7	1		2		3		4		5	
8	a		b		c		d		e	
9										

09

2023年度 夏期 ドイツ語技能検定試験
4級
聞き取り試験　解答の手引き

（試験時間　約25分）

出題は新しい正書法（単語のつづり方などに関する規則）に従います。解答は新旧いずれの方式でも認めます。

注　意

■受験票と机の上の受験番号が同じであることを確認してください。
■携帯電話，スマートフォン，スマートウォッチ等の電子機器類は電源を切り，カバン等にしまってください。机の上に置いてはいけません。
■中途退場は認めません。

①指示があるまでページを開いてはいけません。
②聞き取り試験は3部から成り立っています。
③試験監督者の指示に従って，解答用紙の所定の欄に，受験番号・氏名を記入してください。
④放送の指示でページを開き，解答のしかたをよく読んでください。
⑤解答は黒のHBの鉛筆で強めに記入してください。
書き直す場合には，消しゴムできれいに消してから記入してください。
⑥解答はすべて試験時間内に解答用紙の指定された箇所に記入してください。
⑦記入する数字は，下記の見本に従って書いてください。

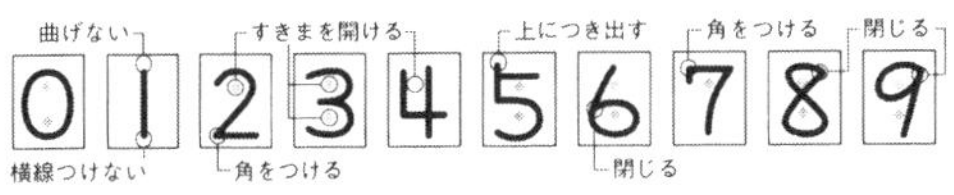

⑧アルファベットは大文字と小文字の判別ができるようにはっきりと書いてください。

■試験が終わっても，指示があるまで席を立たないでください。
■解答用紙は持ち帰ってはいけません。
■この問題冊子の無断転載，無断複製を禁じます。

10

第 1 部　Erster Teil

1. 第 1 部は，問題（**1**）から（**4**）まであります。
2. 各問題において，それぞれ四つの短い会話 **1** ～ **4** を放送します。間隔をおいてもう一度放送します。
3. すべての会話を聞いたうえで，会話として最も自然なものを選び，その番号を解答用紙の所定の欄に記入してください。
4. 以下，同じ要領で問題（**4**）まで順次進みます。
5. メモは自由にとってかまいません。
6. 問題を始める前に，放送で解答のしかたを説明します。その説明の中で例を示します。

【注意】（解答は解答用紙に記入してください。）

（**1**）　**1**　**2**　**3**　**4**

（**2**）　**1**　**2**　**3**　**4**

（**3**）　**1**　**2**　**3**　**4**

（**4**）　**1**　**2**　**3**　**4**

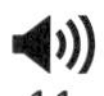

11

第 2 部　Zweiter Teil

1. 第 2 部は，問題（**5**）から（**8**）まであります。
2. まずドイツ語の会話を放送し，内容についての質問（**5**）から（**8**）を放送します。それをもう一度放送します。
3. それを聞いたうえで，（**5**）と（**7**）には算用数字を，（**6**）と（**8**）には適切な一語を，解答用紙の所定の欄に記入してください。なお，単語は大文字と小文字をはっきり区別して書いてください。
4. 最後に全体を通して放送します。
5. メモは自由にとってかまいません。

（**5**）　Es ist □□ Uhr.

（**6**）　Die ____________ scheint.

（**7**）　In Tokyo sind es □□ Grad.

（**8**）　Robert isst im Sommer jeden Tag ____________.

12

第 3 部　Dritter Teil

1. 第 3 部は，問題（**9**）から（**11**）まであります。
2. まずドイツ語の短い文章を 2 回放送します。
3. それを聞いたうえで，その文章の内容を表すのに最も適した絵をそれぞれ **1** ～ **4** から一つ選び，その番号を解答用紙の所定の欄に記入してください。
4. 以下，同じ要領で問題（**11**）まで順次進みます。
5. 最後に，問題（**9**）から（**11**）までのドイツ語の文章をもう一度通して放送します。そのあと，およそ 1 分後に試験終了のアナウンスがあります。試験監督者が解答用紙を集め終わるまで席を離れないでください。
6. メモは自由にとってかまいません。

（**9**）

1　**2**　**3**　**4**

（**10**）

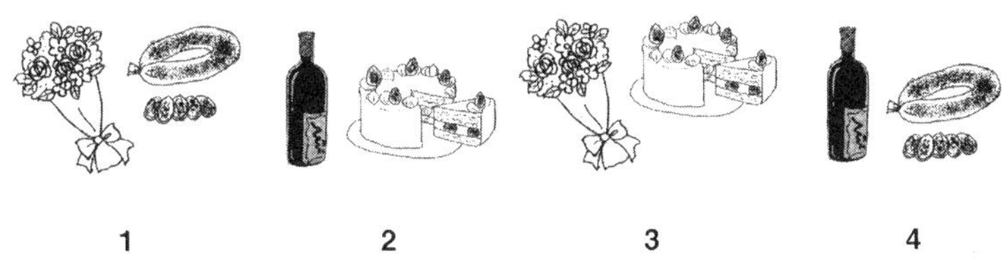

1　**2**　**3**　**4**

（**11**）

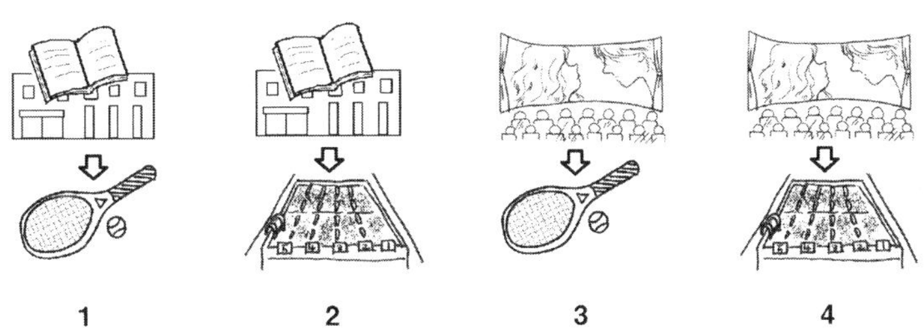

1　**2**　**3**　**4**

4級

2023年度 夏期 ドイツ語技能検定試験

聞き取り試験 解答用紙

受験番号	氏名

手書き数字見本

曲げない　すきまを開ける　上につき出す　角をつける　閉じる

0 1 2 3 4 5 6 7 8 9

横線つけない　角をつける　閉じる

【第1部】

例	4	(1)		(2)		(3)		(4)	

【第2部】

(5) Es ist ☐☐ Uhr.

(6) Die ______________ scheint.

採点欄

(7) In Tokyo sind es ☐☐ Grad.

(8) Robert isst im Sommer jeden Tag ______________.

採点欄

【第3部】

(9)		(10)		(11)	

夏期《4級》　ヒントと正解

【筆 記 試 験】

1 発音とアクセント

正解　(1)　4　　(2)　4　　(3)　1　　(4)　3

発音，アクセントの位置，母音の長短，文中で強調して発音される語に関する問題です。発音の基本的な規則についての知識や，簡単な会話内容を把握する能力が必要とされます。

(**1**) 子音 b の発音に関する問題です。子音 b は基本的に [b] と発音します。しかし，語末や音節末では [p] と無声化します。選択肢 **1** の A·bend（夕方，以下「·」で音節の区切れを示します。），選択肢 **2** の Ge·bäu·de（建物），選択肢 **3** の Nach·bar（隣人）の場合は，有声音 [b] の発音です。しかし，選択肢 **4** の Schreib·tisch（書き物机）は，Schreib- と -tisch という二つの音節から成り立っています。この b は音節末にありますから，発音は [p] となります。正解は選択肢 **4** です。［正解率 84.10%］

(**2**) 語のアクセントの位置に関する問題です。下線部の母音 e にアクセントがない語を選択します。語のアクセントは，ドイツ語本来の単語では，原則として最初の音節にあるので，選択肢 **1** の Fens·ter（窓），選択肢 **3** の Kel·ler（地下室）は，下線部にアクセントがあります。選択肢 **2** の Ka·len·der は，下線部が第 2 音節にありますが，外来語なのでこの下線部にアクセントがあります。この選択肢 **2** を選んだ解答が 34.22% ありました。選択肢 **4** の Res·tau·rant（レストラン）は外来語であり，最後の音節（-rant）にアクセントがあります。正解は選択肢 **4** です。［正解率 58.91%］

(**3**) 母音の長短に関する問題です。ここでは母音 u を長く発音する単語を選択します。母音の長短は，その後に続く子音字が一つの場合は長く，二つ以上の場合は短くなります。この原則に従い，選択肢 **2** の Gruppe（グループ），選択肢 **3** の Luftpost（航空便），選択肢 **4** の Rucksack（リュックサック）では u の音は短く発音されます。その一方で，選択肢 **1** の Flughafen（空港）の u は，u の次に子音字が二つあるので，一見すると短く発音される単語のように見えます。しかし，この単語は Flug（飛行）と Hafen（港）という二つの単語から成る複合語です。ですから，Flug の u は長く発音されます。正解は選択肢 **1** です。[正解率 71.25%]

（**4**）文の中で強調して発音される語を問う問題です。一般に，文中では最も重要な情報を担う部分が強調されます。**A** は「この鍵をどこに掛ければいい？」と尋ねます。これに対して **B** は「冷蔵庫のところに掛けられるよ」と答えます。**A** の質問では，wohin（どこへ）という疑問詞が使われており，鍵を掛ける場所が最も重要であることがわかります。この質問に対する **B** の答えでは，「冷蔵庫」という場所が最も重要な情報です。そのため，Kühlschrank を強調して発音します。正解は選択肢 **3** です。[正解率 91.09%]

◇この問題は 12 点満点（3 点×4）で，平均点は 9.16 点でした。

1 ここがポイント！

＊普段からスペルと発音の関係に注意して単語を覚えよう！
＊子音字 b, d, g は語末や音節末では無声音になることに注意しておこう！
＊長い単語は複合語の場合もあるので，そのときの母音の長短に気をつけよう！

2 動詞と助動詞（現在人称変化、命令形）

正解 （**1**） **4** （**2**） **3** （**3**） **1** （**4**） **1**

動詞および話法の助動詞の現在人称変化形，命令形の作り方を問う問題です。

（**1**）動詞 geben（～を与える）の現在人称変化形を問う問題です。動詞 geben は，主語が親称 2 人称単数 du と 3 人称単数 er / sie / es の場合，語幹の母音 e が i に変化して，du gibst，er / sie / es gibt という形を取ります。問題文の主語は男性名詞単数の der Kellner（ウエイター）なので，動詞 geben は，主語が 3 人称単数の場合の gibt の形を取ります。したがって正解は選択肢 **4** です。問題文は「フランクはカフェに座っている。ウエイターが来て，彼にメニューを渡す」という意味になります。geben は，3 格と 4 格を目的語として取って，「～に（3 格）～を（4 格）与える」という意味を作る他動詞だということにも注意しましょ

う。[正解率 86.13%]

(**2**) 動詞 reden (話す) の現在人称変化形を問う問題です。問題文は「マティアス，きみは話はたくさんするけど，でも何もやらないじゃないか」という意味です。reden の語幹は red ですが，語幹が d や t で終わる動詞は，主語が親称 2 人称単数 du，3 人称単数 er / sie / es，親称 2 人称複数 ihr の場合，口調を整えるために，語幹の直後に母音 e を補って，du redest，er / sie / es redet，ihr redet のようになります。主語は du なので，動詞 reden は，主語が親称 2 人称単数の場合の redest の形をとります。したがって正解は選択肢 **3** です。同様の現在人称変化をする動詞は他に，arbeiten (働く)，finden (見つける)，warten (待つ) などがあります。[正解率 95.17%]

(**3**) 動詞 kaufen の変化形を問う問題です。問題文は三つの部分から成り立っています。最初に Opa (おじいちゃん) という呼びかけ，それに続いて，Opa を親称 2 人称 du で表した疑問文，最後の文は，文末に感嘆符 (!) があることから，依頼・要請・促しなどを表す命令形だと予測できます。つまり問題文は「おじいちゃん，まだスマートフォンを持っていないの？ いい加減買いなよ！」という意味になります。命令形には，①du に対する命令，②ihr に対する命令，③敬称 2 人称 Sie に対する命令の 3 種類がありますが，①と②では主語 du，ihr は省略されます。③のみ，主語 Sie は省略されません。また命令形では，動詞は文頭に置かれ，原則として，①は語尾なし (または -e)，②は -t，③は -en という語尾を語幹に付けます。問題文では，第 1 文が du を主語にしているので，次に続く命令文も同じく du に対してだと推測できます。kaufen の du に対する命令形は kauf です。したがって，正解は選択肢 **1** です。なお，主語が du の場合の現在人称変化の形である選択肢 **3** の kaufst を選んだ解答が 17.56%，ihr に対する命令形である選択肢 **4** の kauft を選んだ解答が 14.12% ありました。[正解率 61.07%]

(**4**) 話法の助動詞 mögen (～だろう，～を好きである) の現在人称変化形を問う問題です。話法の助動詞では，主語が単数の場合に，語幹が könn→kann，dürf→darf，müss→muss，mög→mag，woll→will のように変化します。sollen だけは語幹が変化せずに sollen → soll です。また話法の助動詞では，主語が 1 人称単数 ich と 3 人称単数 er / sie / es の場合，ich mag，er / sie / es mag のように、語幹に語尾を加えません。問題文では主語が er なので，mögen は mag の形になります。したがって正解は選択肢 **1** です。話法の助動詞は通常，動詞の不定詞とともに使われますが，問題文では mögen は他動詞として用いられています。この場合，mögen は「～を好きである」という意味になります。したがって問題文は「ペーターはテニスをするのがとても好きだ。でもサッカーを彼は好きではない」という意味になります。なお ihr が主語の場合の現在人称変化の形である選択肢 **4** の mögt を選んだ解答が 31.17% ありました。[正解率 61.58%]

◇この問題は 12 点満点（配点 3 点×4）で，平均点は 9.12 点でした。

2 ここがポイント！

＊現在形で親称 2 人称単数，3 人称単数のときに語幹が変化する不規則変化動詞に気をつけよう！
＊話法の助動詞は，日常的にもよく使うので，現在人称変化を確実に覚えよう！
＊話法の助動詞は，不定詞と一緒に使う助動詞の用法の他に，4 格目的語と一緒に使う他動詞の用法があるので気をつけよう！
＊語幹と語尾の間に口調を整える e が入る動詞（語幹が d や t で終わる動詞）に気をつけよう！
＊命令文では，誰に対する命令なのか，しっかり見極めよう！

3 冠詞類と代名詞

正 解　**(1)　2　　(2)　2　　(3)　3　　(4)　3**

冠詞類や代名詞の適切な変化形を問う問題です。冠詞類や代名詞は，性・数・格に応じて形が異なります。変化形を正しく覚えるとともに，冠詞類や代名詞の文中での役割にも注意する必要があります。

(1) 不定冠詞の変化形を問う問題です。問題文は「私はのどが渇いています。私はりんごジュースを一杯注文します」という意味であると予想されます。bestellen（注文する）は他動詞で 4 格目的語を必要とするので，選択肢の中から 4 格の名詞の前に置くのに適切な形を選ぶ必要があります。選択肢 **1** の einem は男性・中性名詞 3 格の前にしか置けない形であり，選択肢 **3** の einer は女性名詞 2 格または 3 格の前にしか置けない形であり，選択肢 **4** は男性・中性名詞 2 格の前にしか置けない形です。選択肢 **2** の einen だけが男性名詞 4 格の前に置くことができる形です。したがって，正解は選択肢 **2** です。Apfelsaft の性がわからなくても bestellen が何格とともに用いられる動詞かわかれば適切な形を選択するこ

とが可能です。[正解率 79.13%]

(**2**) 定冠詞の変化形を問う問題です。問題文は「明日夏休みが始まります。休み中に私はスペインへ行きます」という意味であると予想されます。第1文の主語 die Sommerferien (夏休み) は男性名詞 Sommer (夏) と複数名詞 Ferien (休暇) が結合した名詞で，複数形です。動詞 beginnen の語尾が en で終わっていることからも主語が複数形であることがわかります。第2文の空欄はこの複数名詞 Ferien の前にあり，空欄の前の前置詞 in は3格または4格の名詞・代名詞と結びつく前置詞ですが,「休み中に」という意味を表わすときには3格を用います。したがって，正解は選択肢 **2** です。なお，選択肢 **3** を選んだ解答が 50.38% ありました。Sommerferien の定冠詞 die から，この名詞が女性名詞であると判断したことによるものかもしれません。文全体に目を通し，動詞の人称変化語尾にも注目することが重要です。[正解率 25.45%]

(**3**) 所有冠詞の変化形を問う問題です。問題文は「2人の男性が私たちの家の前に立っています」という意味であると予想されます。前置詞 vor は，場所を表す場合は3格，方向を表す場合は4格の名詞・代名詞と用いられます。この文は2人の男性が立っている場所を説明しているので Haus は3格です。空欄には所有冠詞 unser が中性名詞3格の前に置かれるときの形である unserem を入れるのが適切です。したがって，正解は選択肢 **3** です。[正解率 53.31%]

(**4**) 定冠詞類の変化形を問う問題です。問題文は「どのスカートが気に入った？ ――これがいいと思う」という意味であると予想されます。四つの選択肢はすべて welch- の変化形です。疑問文の動詞 gefallen は,「(主語が3格の人の) 気に入る」という意味で用いられる動詞です。dir は du の3格で主語にはなりえないのでこの文の主語は Rock (スカート) です。スカートは男性名詞で，男性名詞1格の前に置かれる定冠詞類の語尾は er です。したがって，正解は選択肢 **3** です。Rock が男性名詞であるという知識がなかったとしても，答えの文の文頭にはこの Rock を受けた指示代名詞 den が置かれています。また，finden は「(主語が4格のものを) ～だと思う」という意味で使われる他動詞なので den は4格の代名詞であり，スカートが男性名詞であるとわかります。[正解率 48.35%]

◇この問題は12点満点 (配点3点×4) で，平均点は6.19点でした。

3 この問題のポイント

＊名詞の性・数・格に応じた冠詞類の変化を正確に覚えよう！

＊名詞・代名詞は動詞や前置詞によって格が決められており，冠詞類もそれに合わせて語尾が変化することに注意しよう！
＊空欄部分の前後だけではなく，動詞の人称変化など文章全体をよく見て正しい答えを選ぼう！

4 語順

正 解　**(1)　2**　**(2)　2**　**(3)　3**　**(4)　3**

語順を問う問題です。動詞や話法の助動詞，接続詞の位置など，語順についての基本的な規則を覚えている必要があります。

(1) 代名詞の語順を問う問題です。第2文の動詞 bringen は通常，持っていく相手を示す3格目的語，運ぶものを示す4格目的語の順に書きますが，どちらかが代名詞で書かれる場合は代名詞の目的語を先に，両方とも代名詞の場合は4格・3格の語順にします。この文では両方とも代名詞なので，正解は選択肢 **2** です。3格・4格の語順となる選択肢 **3** を選んだ解答が 41.86% ありました。問題文は「カーティア，パウルがビールを1杯欲しいって。彼に持って行ってくれる？」という意味です。［正解率 43.64%］

(2) 副詞の位置を問う問題です。bald は「まもなく」という意味の副詞です。時間や時期に関連する副詞は，文末に置くことの多い英語とは異なりドイツ語ではなるべく前方に置きます。動詞 ist の前にはすでに主語 der Sommer があるので選択肢 **1** に置くことはできず，正解は選択肢 **2** になります。問題文は「夏はまもなく終わり，寒くなる」という意味です。［正解率 60.43%］

(3) 挿入するべき an は，前置詞や分離動詞の前つづりなどさまざまな用法があるため，どの用法が適切かを見極める必要があります。ここでは場所を示す前置詞として使われており，選択肢 **3** が正解です。問題文は「カートリンは10月からフンボルト大学で勉強を始める」という意味です。選択肢 **4** を選んだ解答が 29.77% ありましたが，beginnen には分離動詞の前つづり an は必要ありません。［正解率 53.69%］

(4) 挿入するべき so の用法を見極める問題です。so にもさまざまな用法がありますが，ここでは形容詞 laut を修飾して「そんなに，それほど」と程度を表すのに使われています。したがって，正解は選択肢 **3** です。問題文は「図書館では

そんなに大きな声で話してはいけません」という意味です。[正解率 84.10%]

◇この問題は 12 点満点 (配点 3 点×4) で，平均点は 7.26 点でした。

4 ここがポイント！

＊平叙文では動詞や助動詞の定形は第 2 位，つまり文頭の要素の次に置くという点に注意しよう！
＊前置詞の格支配や，名詞の格変化を表す定冠詞や不定冠詞の形を確認しよう！

5 語彙

正解　(**1**)　**3**　(**2**)　**2**　(**3**)　**3**　(**4**)　**2**

語彙力を問う問題です。状況に合わせて適切な語を選ぶことが求められます。

(**1**) 問題文は「私のコンピューターを起動できません。それ (コンピューター) は (　　) です」という意味です。コンピューターを起動することができないという第 1 文の内容を受けて，続く文の空欄にはコンピューターがどのような状態にあるのかを表す語が入ることが予想できます。選択肢 **1** の genug は「十分な」，選択肢 **2** の gesund は「健康な」，選択肢 **3** の kaputt は「壊れた」，選択肢 **4** の nett は「親切な」という意味です。したがって，選択肢 **3** が正解です。[正解率 57.63%]

(**2**) 問題文は「日曜日に私たちは祖父の 80 回目の誕生日を (　　) ます」という意味です。空欄には祖父の 80 回目の誕生日をどうするのかを表す動詞が入ることが予想できます。選択肢 **1** の essen は「食べる」，選択肢 **2** の feiern は「祝う」，選択肢 **3** の freuen は「喜ばせる」，選択肢 **4** の wünschen は「願う」という意味です。したがって，正解は選択肢 **2** です。なお，選択肢 **4** を選んだ解答が 28.12%，選択肢 **3** を選んだ解答が 27.74% ありました。[正解率 40.59%]

(**3**) 問題文は「どのくらい長く働いているの？ ── 9 時 (　　) 17 時までです」という意味です。前半の問いかけでは働いている時間の長さを尋ねています。その問いかけに対する答えでは「9 時」と「17 時」という時刻が示されているので，ここでは～時間という時間数ではなく「9 時から 17 時まで」という言い方で働いている長さを答えていることが予想できます。したがって，空欄には「から」

を意味する単語が入ることになります。選択肢 **3** が正解です。[正解率 67.94%]

(**4**) 問題文は「(　　)にはよく泳ぎに行ったり，読書するのが好きです」という意味です。選択肢 **1** の Ampel は「信号機」，選択肢 **2** の Freizeit は「余暇」，選択肢 **3** の Krankheit は「病気」，選択肢 **4** の Prüfung は「試験」という意味です。空欄にはどのようなときによく泳ぎに行ったり，読書するのが好きなのかを表す単語が入ることになります。したがって，選択肢 **2** が正解です。[正解率 74.68%]

◇この問題は 12 点満点 (配点 3 点×4) で，平均点は 7.22 点でした。

5 ここがポイント！

＊文脈からどの単語が最も適切かを判断しよう！
＊前置詞は個別に覚えるだけでなく，von ... bis ... のように組み合わせても覚えよう！

6 会話表現

正解　(**1**)　**4**　(**2**)　**2**　(**3**)　**2**　(**4**)　**4**

空欄に適切な表現を入れることにより，短い会話文を完成させる問題です。文法的な知識に加え，日常的な場面でよく用いられる慣用表現を覚えておく必要があります。

(**1**) **A** の発言「明日は初めて沖縄に行くんだ！」に対する返答を選ぶ問題です。選択肢 **1** は「お大事に」，選択肢 **2** は「召し上がれ」，選択肢 **3** は「さあ，わからない」，選択肢 **4** は「大いに楽しんできてね」という意味です。**B** の返答は Oh, toll! (わあ，素晴らしいね) というコメントで始まっており，**B** は **A** が初めて沖縄に行くことを好意的にとらえていることがわかります。その **B** のコメントのすぐ後に置かれている空欄に入る最も適切な表現は Viel Spaß! です。したがって，選択肢 **4** が正解です。なお，選択肢 **1** を選んだ解答が 27.61% ありました。[正解率 60.94%]

(**2**) **A** の質問「マイアーさんはいつオフィスに戻っていらっしゃいますか？」に対する返答としてふさわしい表現を選ぶ問題です。選択肢 **1** は「明日まで」，選択肢 **2** は「1 時間後に」，選択肢 **3** は「昨年」，選択肢 **4** は「1 分前に」という意味です。選択肢 **3** と選択肢 **4** はすでに戻っていることを表す表現なので，答えとして適切ではありません。選択肢 **1** の Bis morgen は「明日まで」という期間を表します。しかし，ここでは wann (いつ) と，特定の時点を尋ねているので答えとして適切ではありません。問題が Bis wann ... で始まり，期間を問う質問であれば，Bis morgen という答えは成立しますが，問題はそうなっていないので，選択肢 **1** は答えとしてあてはまりません。したがって，未来の特定の時点を表す表現である選択肢 **2** が正解です。選択肢 **1** を選んだ解答が 38.68% ありました。[正解率 32.19%]

(**3**) **A** の質問「今日は授業あるの？」に対する返答としてふさわしい表現を選ぶ問題です。選択肢 **1** は「はい，元気です」，選択肢 **2** は「はい，デッカー先生の英語があります」，選択肢 **3** は「いいえ，ドイツ語と数学です」，選択肢 **4** は「いいえ，11 時にあります。」という意味です。選択肢 **1** は体調を尋ねられた際の返答なので，質問に対する返答としては適当ではありません。選択肢 **3** および選択肢 **4** は，返答を Ja で始めていれば正解ですが，Nein で始めているので，論理的に矛盾があります。したがって，選択肢 **2** が正解です。[正解率 78.12%]

(**4**) **A** の質問「そのシャツは気に入りましたか？」に対する返答としてふさわしい表現を選ぶ問題です。選択肢 **1** は「いっぱいです」，選択肢 **2** は「間違っています」，選択肢 **3** は「シャツを探しています」，選択肢 **4** は「とてもいいです」という意味です。シャツを気に入ったかどうかを尋ねている質問に対する返答として最も適切なのは Sehr gut です。したがって，選択肢 **4** が正解です。[正解率 61.83%]

◇この問題は 12 点満点 (配点 3 点×4) で，平均点は 6.99 点でした。

6 ここがポイント！

＊日常会話でよく用いられる慣用表現を覚えよう！
＊短いやり取りでもどのような状況で話されているのかを的確に把握しよう！

7 テキストの要点の理解 (正誤の選択)

正解　(**1**) **1**　(**2**) **2**　(**3**) **2**　(**4**) **1**　(**5**) **1**

ダニエーラが，友人リーザとトミーに宛てたメールを読んで，内容を正しく理解できるかを問う問題です。問題文がテキストの内容に合致する場合は **1**，合致しない場合は**2**と解答します。

内容:
送信者:　ダニエーラ
受信者:　リーザ，トミー
件　名:　ハイキングする？
日　付:　2023年8月1日

リーザへ，トミーへ

元気ですか？
日曜日に友人のレーナと一緒に，クラインベルクへ遠足に行きます。彼女もチューリヒの大学で生物学を勉強しているのです。よかったら私たちと一緒にハイキングに行きませんか？ きっと楽しいですよ。
私は8時30分にチューリヒ中央駅でレーナと待ち合わせて，電車でヴァルトドルフに向かいます。電車は9時出発で，だいたい50分ぐらい乗って行きます。でもあなたたちは車で行ってもいいですよ。
ヴァルトドルフからハイキングして2時間でクラインベルクに到着することができます。クラインベルクは自然がいっぱいです。そこでは馬とか牛とか，たくさんの動物を見ることができますが，きれいな花や植物だってたくさんあります。昼食はレストランで取ります。
クラインベルクはそれほど高い山ではありません。だから登山靴は必要ないです。スポーツシューズで十分です。
お返事くださいね！

よろしく
ダニエーラ

【語彙】wandern: ハイキングをする　einen Ausflug machen: 遠足に行く　lustig: 楽しい　treffen: 会う　ab|fahren: 出発する　ungefähr: およそ　es gibt et[4]: ～がある　Natur: 自然　Tier: 動物　Pferd: 馬　Kuh: 雌牛　Blume: 花　Pflanze: 植物　Wanderschuhe: 登山靴　Sportschuhe: スポーツシューズ

1は「ダニエーラはレーナと日曜日にハイキングをする」という意味です。第1段落の最初に「日曜日に友人のレーナと一緒に，クラインベルクへ遠足 (Ausflug) に行きます」と述べられています。また，メールの件名が Wandern? (ハイキングする?) ですし，それに続いて「私たちと一緒にハイキング (wandern) に行きませんか?」と述べられていますから，Ausflug と wandern は同一の行為であることがわかるので，**1** はテキストの内容と合致します。したがって正解は **1** です。[正解率 89.95%]

2 は「チューリヒ中央駅からクラインベルクまで 2 時間かかる」という意味です。テキストでは，チューリヒ中央駅からヴァルトドルフまで電車で 50 分，ヴァルトドルフからクラインベルクまでハイキングして 2 時間と述べられています。所要時間 2 時間はヴァルトドルフからクラインベルクまでハイキングした場合の時間なので，**2** はテキストの内容に合致しません。したがって正解は **2** です。[正解率 72.90%]

3 は「ダニエーラとレーナは 9 時 15 分にヴァルトドルフに到着する」という内容です。テキストでは，電車は 9 時に出発して，だいたい 50 分でヴァルトドルフに到着すると述べられています。つまり到着時刻はおよそ 9 時 50 分になるので，**3** はテキストの内容に合致しません。したがって正解は **2** です。[正解率 97.07%]

4 は「クラインベルクにはたくさんの花があり，たくさんの動物がいる」という意味です。テキストでは，「クラインベルクは自然がいっぱい」で，「そこでは馬とか牛とか，たくさんの動物が見られ」，「きれいな花や植物だってたくさん」あると述べられているので，**4** はテキストの内容に合致します。したがって正解は **1** です。[正解率 71.50%]

5 は「リーザとトミーは遠足の際に登山靴を履く必要はない」という意味です。テキストでは，クラインベルクはそれほど高い山ではなく，そのため登山靴は必要ないと述べられています。話法の助動詞 müssen は nicht や kein などの否定語とともに使われると，「〜する必要がない」という意味になります。テキストでは brauchen (必要とする) の主語は，不特定の人が主語であることを表す man ですが，man は，直接的な表現を避けるために ich や du，ihr，特定の人物・ものなど実際の主語の代わりに使用される場合があります。man は不特定の人を表しますがテキストでは間接的にリーザとトミーを指しているので，**5** はテキストの内容と合致します。したがって正解は **1** です。[正解率 60.56%]

◇この問題は 15 点満点 (配点 3 点×5) で，平均点は 11.76 点でした。

7 ここがポイント！

「誰が」「いつ」「どこで」「何を」するのか，それを表す語句に注目しながら，テキストの内容を整理しよう！

＊時間の経過や場所の移動など，状況を把握しながら，文脈を正確に読み取ろう！

＊地名が出てきても慌てない。大都市や有名な地名はぜひ覚えよう。また -dorf, -berg, -burg, -wald など，地名でよく使われる語があるので，覚えておこう！

8 会話文理解

正解 (a) 5　(b) 8　(c) 2　(d) 7　(e) 3

適切な表現を空欄に入れることにより，会話文を完成させる問題です。選択肢に挙がっている各表現の意味を正しく理解することが重要です。それに加えて，会話全体の自然な流れをとらえた上で，選択肢の文を手がかりに，空欄に入る文を推測することが求められます。テキストは，ドイツに語学研修に来たエミとホームステイ先の女性シュテフィ（Steffi）との会話です。始めに，会話文と選択肢の意味を確認していきます。

内容

シュテフィ：さあ，エミ。ここがエミの部屋よ。
エミ　　　：このお部屋はとても素敵ですね！
シュテフィ：ベッドに机，椅子，そして棚もあります。
エミ　　　：（ **a** ）
シュテフィ：ええ，もちろん。それは居間にあります。（ **b** ）
エミ　　　：授業は月曜日から始まります。
シュテフィ：今から楽しみですか？
エミ　　　：ええ，とても。でも，私は道がわかりません。（ **c** ）それはケーニヒスブリュッカー通りにあります。
シュテフィ：今晩，学校への道を教えてあげましょう。ケーニヒスブリュッカー通りには，レストランもあります。（ **d** ）是非エミを招待したいです。
エミ：　　　どうもありがとう！（ **e** ）

1 レストランへはどのように行きますか？
2 語学学校へはどのように行きますか？
3 とても親切ですね。
4 彼女はとても親切です。
5 テレビもありますか？
6 洗濯機もありますか？
7 そこの料理はとても美味しいです。
8 ところで，ドイツ語のコースはいつ始まりますか？

(**a**) ここでは，ホームステイ先の部屋に通されたエミが，シュテフィに (**a**) と質問し，シュテフィが「ええ，もちろん」と伝えた上で，「それは居間にあります」と答えています。さらに，シュテフィが答えた文の主語「それ」は er で，男性名詞を受けているとわかります。正解は，男性名詞 Fernseher (テレビ) が入っている選択肢 **5** の「テレビもありますか？」になります。選択肢 **6** を選んだ解答が，25.57% ありました。選択肢 **6** の Waschmaschine (洗濯機) は女性名詞なので，文法的にも文脈的にも解答にはふさわしくありません。[正解率 64.50%]

(**b**) シュテフィの質問 (**b**) に対し，エミは「授業は月曜日から始まります」と答えています。この文が答えになるような質問は，選択肢 **8** の「ところで，ドイツ語のコースはいつ始まりますか？」になります。ここのドイツ語は sag mal で始まっており，この表現は話題を転換するときによく用いられる表現です。ここから，話題が語学学校に移っていることが読み取れます。[正解率 82.95%]

(**c**) エミが通う語学学校のことが話題になっている箇所です。エミが「でも，私は道がわかりません」と言った後に (**c**) があります。(**c**) の後には，「それはケーニヒスブリュッカー通りにあります」という文が続いています。このことから，エミは語学学校への行き方を尋ねたことが予想されます。正解は，選択肢 **2** の「語学学校へはどのように行きますか？」です。[正解率 54.33%]

(**d**) エミが通う語学学校と同じ通りにレストランがあると伝えた後に (**d**) があります。さらに，その後に「是非エミを招待したいです」と続いています。このことから，レストランや食事に関する文が入ることが推測されます。正解は，選択肢 **7** の「そこの料理はとても美味しいです」になります。[正解率 72.14%]

(**e**) 食事をご馳走してくれるシュテフィに対して，エミが「どうもありがとう！」と感謝を述べた後に (**e**) があります。ここでは，相手を褒める表現が入るのではないかと予測することができます。選択肢 **3** の Das ist sehr nett von dir.「とても親切ですね」が最もふさわしいので，正解は選択肢 **3** です。選択肢 **4** を選んだ解答が，31.04% ありました。選択肢 **4** は Sie ist sehr freundlich.「彼女はとても親切だ」という文で，sie（彼女）が親切である，と客観的に事実を述べている文になります。この選択肢は会話のこの場面では解答としてふさわしくありません。［正解率 49.62%］

◇この問題は 15 点満点（配点 3 点×5）で，平均点は 9.70 点でした。

8 ここがポイント！

＊会話中のキーワードや代名詞を手がかりに，正確な内容を理解しよう！
＊適切な応答になるように，「いつ」「どのように」など，疑問詞の意味に注目しよう！
＊ Das ist sehr nett von dir. など，会話の場面で鍵となる頻出表現を意識して覚えておこう！

9 テキストの正確な理解（日本語文選択）

正解　**2，4，5，7**（順序は問いません）

ある程度の長さのまとまったテキストを読み，その要点を正しく理解できるかどうかを問う問題です。テキスト中の表現を正確に読み解いた上で，選択肢の内容の正誤を判断することが求められます。

内容：

タロウは今日，観光案内所を訪ねます。彼は明日時間があるので，バスで市内遊覧をしたいのです。彼はカウンターで女性にツアーのことを尋ねます。女性は二つのツアーを示してくれます。ツアー 1 は 2 時間かかります。バスは中央駅から街の中心部へと走ります。このツアーではたくさんの古い建物を見て街の歴史を知ることができます。しかし，カウンターの女性はもう一つのツアーを勧めます。ツアー 2 は（1 日かかる）日帰りのツアーです。ツアー 2 ではバスは街の中心部を出発し，ブドウ園を通って湖のほとりにある城まで行きます。女性はこの城がとても美しいと思っています。それは国際的にも有名です。そのツアーは少し長くかかりますが，16 時 30 分に街の中心部で終了となります。この日帰りツアーにタロウは興味を持ちましたが，街の中心部にある大聖堂と市庁舎も見たいと思っています。女性は，問題ないと言います。というのも，どのツアーでも大聖堂と市庁舎は見られるからです。そういうわけで，タロウは日帰りツアーのチケットを買うことにします。

【語彙】 Touristeninformation: 観光案内所　Stadtrundfahrt: 市内遊覧　Schalter: カウンター，窓口　Hauptbahnhof: 中央駅　Stadtzentrum: 街の中心部　Geschichte: 歴史　kennen|lernen: 知り合う　empfehlen: 勧める　Weingarten: (ワイン用) ブドウ園　Schloss: 城　berühmt: 有名な　Dom: 大聖堂　Rathaus: 市庁舎

選択肢 **1** は，本文第 1〜2 行「彼は明日時間があるので，バスで市内遊覧をしたい」と矛盾するので，不正解です。選択肢 **2** は，本文第 3 行「女性は二つのツアーを示してくれます」に合致するので，正解です。［正解率 95.93%］ 選択肢 **3** は，本文第 4〜5 行の「このツアーではたくさんの古い建物を見て街の歴史を知ることができます」と一致しないので，不正解です。選択肢 **4** は，本文第 7 行「ツアー 2 ではバスは街の中心部を出発し，ブドウ園を通って湖のほとりにある城まで行きます」に合致するので正解です。［正解率 58.52%］ 選択肢 **5** は，本文第 8〜9 行「それは国際的にも有名です」とあり，「それ」は城を指すので内容が合致し正解です。［正解率 88.17%］ 選択肢 **6** は，本文第 5〜6 行「カウンターの女性はしかし，もう一つのツアーを勧めます」とあり，第 10 行までツアー 2 を紹介していますので不正解です。選択肢 **7** は，本文第 9〜10 行「そのツアーは少し長くかかりますが，16 時 30 分に街の中心部で終了となります」と合致するので，正解です。［正解率 95.55%］ 選択肢 **8** は，本文第 12 行「どのツアーでも大聖堂と市庁舎は見られる」とカウンターの女性が説明していることから，本文第 13 行「日帰りツアーのチケットを買うことにします」とツアー 2 を選んでおり，不正解です。

◇この問題は 12 点満点 (配点 3 点×4) で，平均点は 10.14 点でした。

9 ここがポイント！

＊テキスト全体の流れをよく把握し，重要なキーワードに注意して，テキストの内容を読み取ろう！
＊接続詞や代名詞に注意して，文章を読み解こう！
＊わからない単語があっても，全体の文章の流れから内容を推測して読もう！

【聞き取り試験】

第1部 会話表現理解（流れが自然なものを選択）

正解 （1） **1**　（2） **3**　（3） **3**　（4） **1**

放送された4通りの短い会話を聞き，流れが最も自然であるものを選ぶ問題です。文字や絵などの視覚情報を手がかりとすることなく，質問などの発話とそれに続く発話を正確に聞き取った上で，相互の内容的なつながりを確認する必要があります。また，そのためには，イントネーション，アクセント，個々の母音や子音の発音などに関する適切な理解も求められます。

なお，4通りの会話において，先行する発話の部分はすべて同じです。以下では，最初にこの共通部分を，次いで後続する4通りの発話の部分を示します。

放送　問題**1**：　Wie alt ist der Junge?

選択肢：
1　Er ist zwölf Jahre alt.
2　Er spricht nur Japanisch.
3　Es ist teuer.
4　Es ist zehn Uhr.

「その少年は何歳ですか？」という質問に対して，選択肢**1**では「彼は12歳です」，選択肢**2**では「彼は日本語しか話しません」，選択肢**3**では「それは値段が高いです」，選択肢**4**では「10時です」と答えています。「その少年は何歳ですか？」という質問に対し，選択肢**3**と選択肢**4**の主語であるesは，der Jungeを受ける人称代名詞として適切ではありません。選択肢**2**の主語はerですが，年齢ではなく話す言語を答えているので適切ではありません。選択肢**1**では「彼は12歳です」と年齢を答えているので，自然な問答が成立しています。したがって，正解は選択肢**1**です。［正解率72.90%］

放送　問題**2**：　Wo sind die Toiletten?

選択肢：
1　Die Tomaten sind noch grün.
2　Die Küche ist hier links.
3　Gehen Sie hier rechts!
4　Sie sind schön.

「トイレはどこですか？」という質問に対して，選択肢 **1** では「トマトはまだ青い（緑）です」，選択肢 **2** では「台所はこの左にあります」，選択肢 **3** では「ここを右に行ってください」，選択肢 **4** では「それらは美しいです」と答えています。トイレがどこにあるかを聞いているのに対し，場所を答えているのは選択肢 **2** と選択肢 **3** です。選択肢 **2** ではトイレではなく台所の場所を答えているので，選択肢 **3** だけが自然な返答となっています。したがって，正解は選択肢 **3** です。［正解率 70.61%］

放送　問題 **3**：　Möchten Sie einen Kaffee?

選択肢：　**1**　Ja, ich habe einen Bruder.
　　　　　2　Ja, ich trinke gern Tee.
　　　　　3　Nein, danke.
　　　　　4　Nein, ich trinke keinen Wein.

「コーヒーを飲みたいですか？」という質問に対して，選択肢 **1** では「はい，私には兄（または弟）がいます」，選択肢 **2** では「はい，私は紅茶を飲むのが好きです」，選択肢 **3** では「いいえ，結構です」，選択肢 **4** では「いいえ，私はワインを飲みません」と答えています。コーヒーを飲みたいかどうかという質問に対し，選択肢 **2** と **4** ではそれぞれ Tee（紅茶）と Wein（ワイン）という飲み物を答えていますが，コーヒーを飲みたいかどうかという質問の答えとしては適切ではありません。選択肢 **3** の「いいえ，結構です」だけが自然な返答となっています。したがって，正解は選択肢 **3** です。［正解率 82.70%］

放送　問題 **4**：　Wer ist das?

選択肢：　**1**　Das ist meine Tante.
　　　　　2　Das ist meine Uhr.
　　　　　3　Das Haus ist neu.
　　　　　4　Das stimmt.

「これは誰ですか？」という質問に対して，選択 **1** では「これは私のおばです」，選択肢 **2** では「これは私の時計です」，選択肢 **3** では「その家は新しいです」，選択肢 **4** では「その通りです」と答えています。「これは誰ですか？」という質問に対し，人を答えているのは選択肢 **1** のみです。したがって，正解は選択肢 **1** です。選択肢 **2** を選択した解答が 19.97% ありました。Was ist das?（これは何ですか?）の答えとしては適切ですが，疑問詞 wer が用いられている場合には人を答える必要があるので適切ではありません。［正解率 65.39%］

◇この問題は 12 点満点（配点 3 点×4）で，平均点は 8.76 点でした。

第1部 ここがポイント！

＊疑問文を聞き取る際には文頭の疑問詞（wann, was, wer, wo, wohin など）を聞き取り，場所が問われているのか時間が問われているのかなど判断しよう！

＊日常よく使われる単語はしっかりと覚え，聞き取れるようにしておこう。

第2部 テキストの重要情報の聞き取りと記述

正解　(5)　**17**　(6)　**Sonne**　(7)　**30**　(8)　**Eis**

放送された会話を聞き，その内容に関する質問に単語や数字で答える問題です。質問もドイツ語で放送されます。

放送

A: Hallo, Sandra. Hier spricht Robert. Wie geht es dir?

B: Hallo, Robert. Vielen Dank für den Anruf. Mir geht es gut. Ich bin schon drei Monate in Tokyo und es gefällt mir hier sehr gut.

A: Wie viel Uhr ist es gerade in Tokyo?

B: Es ist 17 Uhr. Bei dir in München ist noch Vormittag, nicht wahr?

A: Ja, genau. Und heute haben wir schönes Wetter. Die Sonne scheint und es ist warm. Wie ist das Wetter in Tokyo?

B: Heute regnet es in Tokyo. Und trotzdem ist es heiß. Es sind 30 Grad.

A: Oh, 30 Grad! Du kannst ein Eis essen. Dann ist es nicht mehr so heiß. Ich esse im Sommer jeden Tag Eis.

B: Gute Idee! Das mache ich. Oh, ich muss jetzt gleich los. Bis bald!

A: Ja, bis bald. Tschüs!

内容：

A: もしもし，ザンドラ。ローベルトです。元気？

B: あら，ローベルト。お電話ありがとう。私は元気よ。東京に来てもう 3 ヶ月になるけど，ここはとても気に入ってるわ。

A: いま東京は何時？

B: 17時よ。あなたのいるミュンヘンはまだ午前中よね？
A: そう，その通り。そして今日は素晴らしい天気なんだ。日が照っていて温かい。東京の天気はどう？
B: 今日の東京は雨が降ってる。それなのに暑いの。30度ある。
A: ええ，30度！ アイスを食べるといいよ。そうしたらもうそんなに暑く感じないよ。夏は毎日アイスを食べるんだ。
B: それはいいアイデアね。そうするわ。あ，もうすぐ出かけなきゃ。また今度ね。
A: うん。またね。バイバイ。

【語彙】 nicht wahr?: ～でしょう？ nicht mehr: もはや～ない gute Idee: いいアイデア bis bald: またね

放送 問題**5**: Wie viel Uhr ist es in Tokyo?

質問は「東京は何時ですか？」という意味です。ローベルト (**A**) は第2発言で「いま東京は何時？」と尋ねています。それに対しザンドラ (**B**) は「17時よ」と答えています。解答用紙には Es ist □□ Uhr. (□□時です) と記載されているため，所定欄に時刻の2桁の数字17を記入するのが適切です。したがって，正解は **17** です。［正解率 76.59%］

放送 問題**6**: Wie ist das Wetter in München?

質問は「ミュンヘンの天気はどうですか？」という意味です。ザンドラ (**B**) の第2発言からローベルトがミュンヘンにいることがわかりますが，そのザンドラの発言を受けて，ローベルト (**A**) は第3発言で「そして今日は素晴らしい天気なんだ。日が照っていて温かい」と述べています。したがって，この発言で彼が言及しているのはミュンヘンの天気ということになります。解答用紙には Die＿＿＿ scheint. (＿＿＿が照っています) と記載されているため，正解は **Sonne** です。なお，解答には Sohn や Sohne という間違いが多く見られました。［正解率 34.20%］

放送 問題**7**: Wie viel Grad sind es in Tokyo?

質問は「東京は (気温) 何度ですか？」という意味です。ローベルト (**A**) は，第3発言の最後に「東京の天気はどう？」と尋ねています。その質問を受けてザンドラ (**B**) は第3発言の最後に「30度ある」と答えています。解答用紙には In Tokyo sind es □□ Grad. (東京は □□ 度です) と記載されているため，所定欄に気温の数字30を記入するのが適切です。したがって，正解は **30** です。［正

解率 82.44%]

放送　問題 **8**:　Was isst Robert jeden Tag im Sommer?

質問は「ローベルトは夏に毎日何を食べますか？」という意味です。ローベルト (**A**) は第 4 発言の最後で「夏は毎日アイスを食べるんだ」と述べています。解答用紙には Robert isst im Sommer jeden Tag ______. (ローベルトは夏に毎日 ______を食べます) と記載されているので，正解は **Eis** です。ice と英語でつづっている解答が多くありました。また，名詞であるにもかかわらず，語頭を小文字にしている解答も多くみられました。[正解率 51.46%]

◇この問題は 16 点満点 (配点 4 点×4) で，平均点は 9.01 点でした。

第2部　ここがポイント！

＊単語のつづりはしっかりと覚えよう！
＊ドイツ語では，名詞は文頭・文中を問わず大文字で書き始めることに注意しよう！

第3部　短い文章／会話文の聞き取り

正解　(**9**)　**3**　　(**10**)　**2**　　(**11**)　**2**

放送された短いテキストを聞き，その内容を表すのに最も適した絵を「解答の手引き」から選択する問題です。正確な聞き取り能力が求められます。

放送　問題 **9**:　Herr Tanaka ist Koch und arbeitet an einer Schule. Dort kocht er für die Kinder das Mittagessen.

内容：田中さんは調理師で，学校で働いています。そこで子どもたちのために昼食を作っています。

この問題では，職業を聞き取ることになります。「学校で働いている」と聞き取り，教師が描かれている選択肢 **1** を選んだ解答が 6.62% ありましたが，昼食を大鍋で準備する様子が描かれている選択肢 **3** が正解です。[正解率 88.42%]

放送　問題 **10**:　Am Nachmittag besucht Angelika ihren Großvater. Sie bringt ihm eine Flasche Wein und Kuchen.

内容：午後にアンゲリカは祖父を訪ねる。彼女はワイン一瓶とケーキを持っていく。

この問題では，祖父の元へ持参する品物二つを聞き取ることになります。イラストにはそれぞれ，花束，ソーセージ，ワイン，ケーキが描かれています。ワインとケーキが描かれている選択肢 **2** が正解です。［正解率 91.73%］

放送　問題 **11**：Jutta bringt morgen Bücher in die Bibliothek. Danach geht sie ins Schwimmbad.

内容：ユッタは明日図書館へ本を持っていく。その後プールへ行く。

この問題ではユッタの明日の予定を聞き取る必要があります。イラストから，図書館または映画館，テニスまたはプールが問題になっているとわかります。図書館とプールが描かれている選択肢 **2** が正解です。［正解率 86.01%］

◇この問題は 9 点満点（配点 3 点×3）で，平均点は 7.99 点でした。

第3部　ここがポイント！

* イラストに関わるキーワードを正しく聞き取ろう！
* 日頃から日常生活に関わるさまざまな語（食べ物，場所など）に触れて語彙力を身につけ，その発音もできるようにしよう！

2023年度 冬期 ドイツ語技能検定試験

4 級

筆記試験　問題

（試験時間　60 分）

出題は新しい正書法（単語のつづり方などに関する規則）に従います。解答は新旧いずれの方式でも認めます。

―――注　意―――

■受験票と机の上の受験番号が同じであることを確認してください。

■携帯電話，スマートフォン，スマートウォッチ等の電子機器類は電源を切り，カバン等にしまってください。机の上に置いてはいけません。

■中途退場は認めません。退場は試験放棄となります。

①問題冊子は試験開始の合図があるまで，開いてはいけません。

②問題冊子は表紙・裏表紙を含めて 8 ページあります。
余白は下書き・メモ用に使ってかまいません。

③試験監督者の指示に従って，解答用紙の所定の欄に，受験番号・氏名を記入してください。

④解答は黒の HB 以上の鉛筆で強めに記入してください。
書き直す場合には，消しゴムできれいに消してから記入してください。

⑤**解答はすべて解答用紙の指定された箇所に記入してください。**

⑥記入する数字は，下記の見本に従って書いてください。

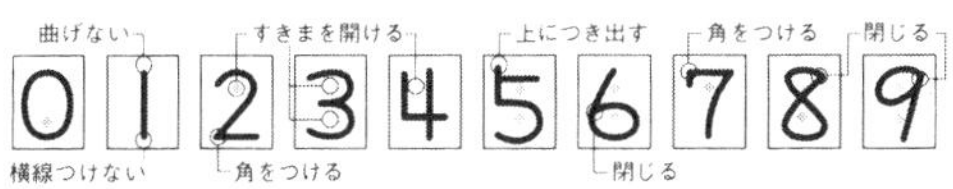

■試験が終わっても，指示があるまで席を立たないでください。

■解答用紙は持ち帰ってはいけません。

■この問題冊子の無断転載，無断複製を禁じます。

1

次の **(1)** ～ **(4)** の条件にあてはまるものが各組に一つずつあります。それを下の **1** ～ **4** から選び，その番号を解答欄に記入しなさい。

(1) 下線部の発音が他と異なる。

1 Deutsch **2** Euro **3** Freund **4** Ingenieur

(2) 下線部にアクセント（強勢）がない。

1 Anzug **2** Bekannte **3** Kühlschrank **4** Stadtplan

(3) 下線部が長く発音される。

1 Buch **2** Bus **3** Hund **4** Suppe

(4) 問い **A** に対する答え **B** の下線の語のうち，通常最も強調して発音される。

A: Kommt dein Paket morgen?

B: Nein, es kommt schon heute.

1 es **2** kommt **3** schon **4** heute

2

次の **(1)** ～ **(4)** の文で（　　）の中に入れるのに最も適切なものを，下の **1** ～ **4** から選び，その番号を解答欄に記入しなさい。

(1) Im Sommer (　　) Familie Lehmann ein Ferienhaus am See.

1 miete **2** mieten **3** mietest **4** mietet

(2) (　　) wir am Wochenende etwas zusammen machen? – Da habe ich leider keine Zeit.

1 Will **2** Willst **3** Wollen **4** Wollt

(3) Was (　　) ihr später, Max und Hanna? – Das wissen wir noch nicht.

1 werde **2** werden **3** werdet **4** wird

(4) (　　) bitte etwas langsamer, Klaus! Wir haben noch genug Zeit.

1 Fahr **2** Fahrt **3** Fährt **4** Fährst

3

次の (1) ～ (4) の文において (　　) の中に入れるのに最も適切なものを，下の 1 ～ 4 から選び，その番号を解答欄に記入しなさい。

(1) Wohin stellst du dein Fahrrad? – Ich stelle es vor (　　) Bahnhof.
1 dem　　2 den　　3 der　　4 des

(2) In der Mitte (　　) Stadt steht eine sehr schöne Kirche.
1 unsere　　2 unserem　　3 unserer　　4 unser

(3) Wo ist der Chef jetzt? – Er zeigt (　　) Gästen die Firma.
1 dem　　2 den　　3 der　　4 die

(4) (　　) gehört der Hut da? – Ich weiß es nicht.
1 Was　　2 Wem　　3 Wen　　4 Wer

4

次の (1) ～ (4) の文で (　　) 内の語を挿入して文を完成させる場合，最も適切な箇所はどこですか。[1] ～ [4] から選び，その番号を解答欄に記入しなさい。

(1) (ohne)
Ich möchte den Kaffee [1] mit viel [2] Milch, [3] aber [4] Zucker, bitte.

(2) (sie)
Das sind Blumen für meine Mutter. Ich [1] schenke [2] ihr [3] zum Geburtstag [4].

(3) (lernt)
Es ist schönes Wetter. Aber [1] heute [2] Sandra [3] den ganzen Tag [4] für die Prüfung.

(4) (kann)
Entschuldigung. Wo [1] man [2] hier [3] parken [4] ?

5 次の (1) ～ (4) の文で（　　）の中に入れるのに最も適切なものを，下の 1 ～ 4 から選び，その番号を解答欄に記入しなさい。

(1) Was machst du gerade? – Ich (　　) auf den Bus.
1 nehme　**2** sitze　**3** stehe　**4** warte

(2) Studiert Lukas noch? – Nein, er arbeitet seit einem Jahr (　　) der Post.
1 aus　**2** bei　**3** von　**4** zu

(3) Ich möchte noch im Supermarkt (　　) kaufen: Tomaten, Kartoffeln und Zwiebeln.
1 Fleisch　**2** Gemüse　**3** Getränke　**4** Obst

(4) Entschuldigen Sie! Ist der Platz noch (　　)? – Nein, der ist leider schon besetzt.
1 fertig　**2** frei　**3** gemütlich　**4** offen

6 次の (1) ～ (4) の会話が完成するように，（　　）の中に入れるのに最も適切なものを，下の 1 ～ 4 から選び，その番号を解答欄に記入しなさい。

(1) **A**: (　　)?
B: Es ist halb sechs.
1 Wann isst du zu Mittag　**2** Welche Uhr haben Sie
3 Wie spät ist es jetzt　**4** Wie viel Zeit hast du für mich

(2) **A**: Möchten Sie zahlen? Eine Torte und einen Kaffee... Das macht 8,70 Euro.
B: 10 Euro. (　　)!
1 Alles klar　**2** Nein, danke
3 So ist es richtig　**4** Stimmt so

(3) **A**: Brauche ich heute keinen Mantel?
B: (　　).
1 Ja, heute regnet es　**2** Nein, das ist nicht dein Mantel
3 Doch, heute wird es kalt　**4** Nein, du brauchst einen Mantel

(4) **A**: Wohin soll ich die Vase stellen?
B: (　　).
1 Sie ist auf dem Schrank　**2** Auf den Tisch, bitte
3 Sie kommt aus Italien　**4** Ich kaufe sie morgen

7 以下は，週末の予定についてユリに宛てたChristaのメールです。このメールを読んで，次の**1**～**5**の中で内容に当てはまるものに**1**を，当てはまらないものに**2**を解答欄に記入しなさい。

Von: Christa
An: Yuri
Betreff: Wochenende
Am: 02.03.2024

Liebe Yuri,

es tut mir sehr leid, aber ich kann morgen nicht zu dir kommen! Meine Schwester Eva hat eine Erkältung und liegt im Bett. Meine Eltern müssen zur Arbeit gehen und deshalb soll ich den ganzen Tag bei ihr bleiben. Sie ist erst acht Jahre alt und wir möchten sie nicht allein zu Hause lassen.

Übrigens, hast du vielleicht am nächsten Wochenende Zeit? Ich besuche gern Flohmärkte und am Samstag gibt es im Schlosspark einen Flohmarkt. Gehen wir zusammen dorthin?

Meine Freundin Jasmin verkauft da alte Kleider und auch Schmuck. Den macht sie selbst. Ihre Ringe und Halsketten gefallen mir wirklich gut! Du findest bestimmt auch etwas für dich!

Was meinst du?

Liebe Grüße
Christa

1 Eva kann Yuri nicht besuchen. Denn ihre Schwester hat eine Erkältung.

2 Christa soll morgen für ihre Schwester sorgen.

3 Christas Eltern arbeiten nur am Wochenende.

4 Jasmin besucht oft Flohmärkte und kauft gern Schmuck.

5 Den Schmuck von Jasmin findet Christa sehr schön.

8 以下は，オーストリアのウィーンに留学中のサトシが授業で出会った Louise と交わしている会話です。空欄（ **a** ）～（ **e** ）に入れるのに最も適切なものを下の **1** ～ **8** から選び，その番号を解答欄に記入しなさい。

Louise: Hallo, ich bin Louise und komme aus Paris.
Satoshi: Hallo, ich heiße Satoshi und komme aus Tokyo.
Louise: Oh, aus Tokyo! Wie lange fliegt man von Tokyo nach Wien?
Satoshi: （ **a** ） Wie lange dauert es von Paris nach Wien mit dem Zug?
Louise: Keine Ahnung. Ich fliege lieber. （ **b** ）
Satoshi: Ach so. Übrigens, dieses Wochenende machen wir einen Ausflug.
Louise: （ **c** ）
Satoshi: Nach Graz. （ **d** ）
Louise: Ja, gerne!
Satoshi: Graz ist wirklich schön.
Louise: （ **e** ）
Satoshi: Ich auch.

1 Es ist 13 Uhr.

2 Etwa 13 Stunden.

3 Ich freue mich schon darauf.

4 Leider habe ich schon einen Termin.

5 Mit dem Zug dauert es mir zu lang.

6 Möchtest du mitkommen?

7 Was nimmst du mit?

8 Wohin fahrt ihr?

9 次の文章は，これからドイツに行く予定のユカについて書かれたものです。内容に合うものを下の **1** ～ **8** から四つ選び，その番号を解答欄に記入しなさい。ただし，番号の順序は問いません。

Yuka ist neun Jahre alt und lebt mit ihren Eltern in Tokyo. Im April gehen sie alle zusammen für zwei Jahre nach München. Yuka besucht dort eine deutsche Grundschule. Sie freut sich schon auf das Leben in Deutschland und weiß schon viel über deutsche Schulen. Dort ist vieles anders. Die Schüler müssen z. B. die Klassenzimmer nicht selber putzen. Das gefällt Yuka gut. Der Unterricht ist meistens gegen Mittag zu Ende und die Schüler essen zu Hause zu Mittag. Das findet Yuka schade. Denn sie möchte gerne zusammen mit ihren Freunden im Klassenzimmer zu Mittag essen wie in Japan. Sie hat auch ein bisschen Angst. Kann sie den Unterricht dort verstehen? Denn sie kann noch nicht so gut Deutsch. Deshalb besucht sie jeden Donnerstag einen Deutschkurs an einer Sprachschule. Vor dem Abflug nach Deutschland möchte sie die A2-Prüfung machen.

1 ユカは家族と共に2年間ミュンヒェンで暮らす予定である。

2 ユカはミュンヒェンで日本人学校に通う。

3 ドイツの学校について，ユカはまだ多くのことを知らない。

4 ユカは，ドイツでも生徒が教室を自分たちで掃除することが気に入っている。

5 ドイツの学校は，お昼頃には授業が終わり，生徒は自宅で昼食をとる。

6 ユカは授業についていけるか少し不安である。

7 ユカは毎週火曜日にドイツ語の語学コースに通っている。

8 ユカはドイツに行く前に語学試験を受験するつもりである。

4級

2023年度 冬期 ドイツ語技能検定試験

筆記試験 解答用紙

受験番号	氏名

手書き数字見本

0 1 2 3 4 5 6 7 8 9

1	(1)		(2)		(3)		(4)			
2	(1)		(2)		(3)		(4)			
3	(1)		(2)		(3)		(4)			
4	(1)		(2)		(3)		(4)			
5	(1)		(2)		(3)		(4)			
6	(1)		(2)		(3)		(4)			
7	1		2		3		4		5	
8	a		b		c		d		e	
9										

13

2023年度 冬期 ドイツ語技能検定試験

4級

聞き取り試験　解答の手引き

（試験時間　約25分）

出題は新しい正書法（単語のつづり方などに関する規則）に従います。解答は新旧いずれの方式でも認めます。

——注　意——

■受験票と机の上の受験番号が同じであることを確認してください。

■携帯電話，スマートフォン，スマートウォッチ等の電子機器類は電源を切り，カバン等にしまってください。机の上に置いてはいけません。

■中途退場は認めません。

①指示があるまでページを開いてはいけません。

②聞き取り試験は3部から成り立っています。

③試験監督者の指示に従って，解答用紙の所定の欄に，受験番号・氏名を記入してください。

④放送の指示でページを開き，解答のしかたをよく読んでください。

⑤解答は黒のHB以上の鉛筆で強めに記入してください。
書き直す場合には，消しゴムできれいに消してから記入してください。

⑥解答はすべて試験時間内に解答用紙の指定された箇所に記入してください。

⑦記入する数字は，下記の見本に従って書いてください。

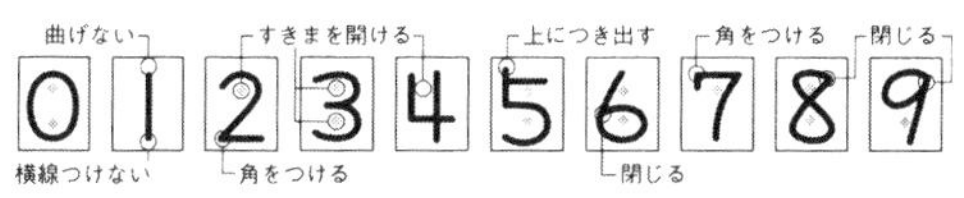

⑧アルファベットは大文字と小文字の判別ができるようにはっきりと書いてください。

■試験が終わっても，指示があるまで席を立たないでください。

■解答用紙は持ち帰ってはいけません。

■この問題冊子の無断転載，無断複製を禁じます。

14

第 1 部　Erster Teil

1. 第 1 部は，問題（**1**）から（**4**）まであります。
2. 各問題において，それぞれ四つの短い会話 **1** ～ **4** を放送します。間隔をおいてもう一度放送します。
3. すべての会話を聞いたうえで，会話として最も自然なものを選び，その番号を解答用紙の所定の欄に記入してください。
4. 以下，同じ要領で問題（**4**）まで順次進みます。
5. メモは自由にとってかまいません。
6. 問題を始める前に，放送で解答のしかたを説明します。その説明の中で例を示します。

【注意】（解答は解答用紙に記入してください。）

（**1**）　**1**　　**2**　　**3**　　**4**

（**2**）　**1**　　**2**　　**3**　　**4**

（**3**）　**1**　　**2**　　**3**　　**4**

（**4**）　**1**　　**2**　　**3**　　**4**

15

第 2 部　Zweiter Teil

1. 第 2 部は，問題（**5**）から（**8**）まであります。
2. まずドイツ語の会話を放送し，内容についての質問（**5**）から（**8**）を放送します。それをもう一度放送します。
3. それを聞いたうえで，（**5**）と（**8**）には適切な一語を，（**6**）と（**7**）には算用数字を，解答用紙の所定の欄に記入してください。なお，単語は大文字と小文字をはっきり区別して書いてください。
4. 最後に全体を通して放送します。
5. メモは自由にとってかまいません。

（**5**）　Er fährt mit dem ____________ nach Berlin.

（**6**）　Es dauert etwa □ Stunden.

（**7**）　Sie kostet □□ Euro.

（**8**）　Er kauft für sie ____________.

16

第 3 部　Dritter Teil

1. 第 3 部は，問題（**9**）から（**11**）まであります。
2. まずドイツ語の短い文章を 2 回放送します。
3. それを聞いたうえで，その文章の内容を表すのに最も適した絵をそれぞれ **1** ～ **4** から一つ選び，その番号を解答用紙の所定の欄に記入してください。
4. 以下，同じ要領で問題（**11**）まで順次進みます。
5. 最後に，問題（**9**）から（**11**）までのドイツ語の文章をもう一度通して放送します。そのあと，およそ 1 分後に試験終了のアナウンスがあります。試験監督者が解答用紙を集め終わるまで席を離れないでください。
6. メモは自由にとってかまいません。

（**9**）

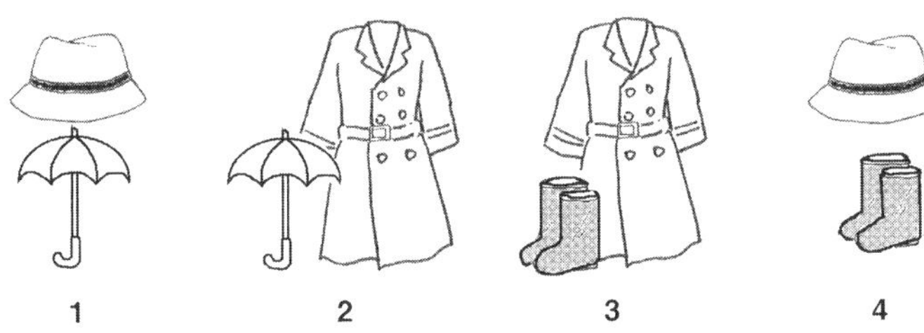

1　**2**　**3**　**4**

（**10**）

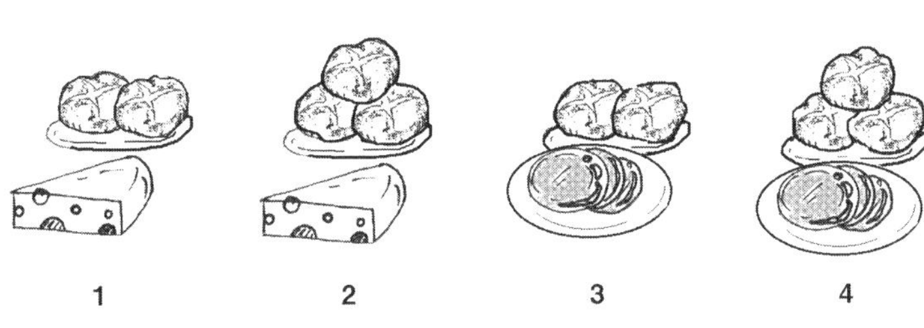

1　**2**　**3**　**4**

（**11**）

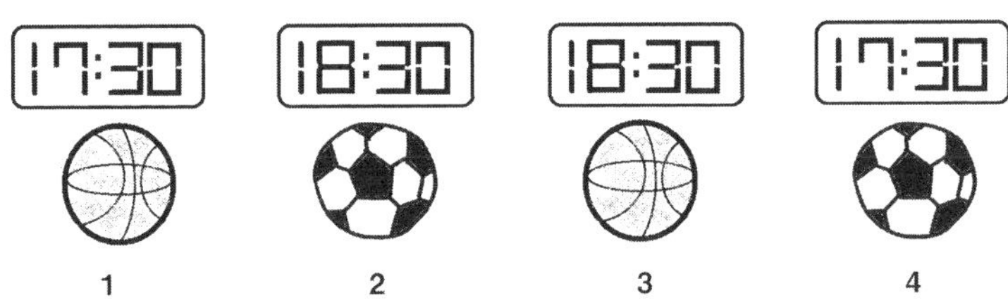

1　**2**　**3**　**4**

4級

2023年度 冬期 ドイツ語技能検定試験

聞き取り試験 解答用紙

受験番号	氏名

手書き数字見本

曲げない　すきまを開ける　上につき出す　角をつける　閉じる

0 1 2 3 4 5 6 7 8 9

横線つけない　角をつける　閉じる

【第1部】

例	4	(1)		(2)		(3)		(4)	

【第2部】

(5) Er fährt mit dem ________ nach Berlin.

採点欄

(6) Es dauert etwa ☐ Stunden.

(7) Sie kostet ☐☐ Euro.

(8) Er kauft für sie ________________.

採点欄

【第3部】

(9)		(10)		(11)	

冬期《4級》　ヒントと正解

【筆 記 試 験】

1 発音とアクセント

正 解　(1)　4　　(2)　3　　(3)　1　　(4)　4

発音，アクセントの位置，母音の長短，文中で強調して発音される語に関する問題です。発音の基本的な規則についての知識や，簡単な会話内容を把握する能力が必要とされます。

(**1**) eu の発音に関する問題です。選択肢 **1** の Deutsch（ドイツ語），選択肢 **2** の Euro（ユーロ），選択肢 **3** の Freund（友人）の場合，eu は [ɔy] と発音されます。その一方で，選択肢 **4** の Ingenieur（技師，エンジニア）は外来語で発音は [øː] です。したがって，正解は選択肢 **4** です。［正解率 80.90%］

(**2**) 下線部の母音 a にアクセントがない単語を選ぶ問題です。語のアクセントは原則として最初の音節に置きます。選択肢 **1** の An·zug（スーツ，以下「·」で音節の区切れを示します），選択肢 **3** の Kühl·schrank（冷蔵庫），選択肢 **4** の Stadt·plan（街の地図）では，それぞれ最初の母音にアクセントが置かれます。選択肢 **2** の Be·kann·te（知人）は元は非分離動詞 bekennen から派生した名詞であり，アクセントは非分離の前つづりの音節ではなく，第 2 音節の a に置かれます。したがって，正解は選択肢 **3** です。［正解率 60.97%］

(**3**) 母音の長短に関する問題です。ここでは母音 u を長く発音する単語を選択します。選択肢 **3** の Hund（犬）と選択肢 **4** の Suppe（スープ）の母音 u は，二つ以上の子音字の前の母音は短いという原則通り短母音です。しかし，つづりと発音の関係には例外もあります。選択肢 **2** の Bus（バス）の u の後は子音字一つだけですが，元々 Omnibus（バス）という単語の最後の部分を独立させた短縮語で，Omnibus の u は短母音なので，Bus の u も短母音なのです。正解は選択肢 **1** の Buch（本）です。二つの子音字 ch の前ですが，u は長母音で，これは例外としてそのまま覚えてください（ちなみに Buche（ブナ）も u は長母音ですが，Bruch（骨折）の u は短母音です）。［正解率 55.53%］

(**4**) 文の中で強調して発音される語を問う問題です。一般的に，文中では最も重要な情報を担う部分が強調して発音されます。**A** は「きみの荷物は明日届くの？」と尋ねています。これに対して **B** は「いや，それはもう今日届くよ」と答えています。ここでは morgen（明日）と heute（今日）の対立が重要な情報となります。そのため，heute を強調して発音します。したがって，正解は選択肢 **4** です。［正解率 69.26%］

◇この問題は 12 点満点（3 点×4）で，平均点は 8.01 点でした。

1 ここがポイント！

＊語のアクセントの位置や母音の長短に関する原則をマスターしよう！
＊複合語の場合は，語形成の知識だけではなく，単語全体でアクセントの位置がどこにあるか，注意しておこう！

2 動詞と助動詞（現在人称変化，命令形）

正解　(**1**) **4**　(**2**) **3**　(**3**) **3**　(**4**) **1**

動詞，助動詞の現在人称変化や命令形の作り方に関する問題です。

(**1**) 問題文は mieten（借りる）の現在人称変化を問う問題で，「夏にレーマン一家は別荘を借りる」という意味になります。mieten のように語幹が t や d で終わる動詞は，人称語尾として -t や -st を付ける場合に口調を整えるための e を入れてから語尾を付けます。問題文の主語は文頭の Im Sommer ではなく Familie Lehman（レーマン一家）ですが，Familie は複数形として扱うのではなく，集合的に「家族，一家」を表す単数形です。したがって主語は 3 人称単数となり，正解は選択肢 **4** です。［正解率 41.54%］

(**2**) 主語の意思を表す助動詞 wollen（～するつもりである）の現在人称変化を問う問題です。主語は 1 人称複数の wir（私たち）で，その場合の語尾は -en ですから，正解は選択肢 **3** の Wollen です。ここでは Wollen wir ... ? と疑問文の語順になっていますが，これは「～しませんか？」と誘いかけの表現です。問題文は「週末に何か一緒にしませんか？」という意味です。［正解率 91.88%］

(**3**) 不規則変化動詞 werden（～になる）の現在人称変化を問う問題です。問題文は「きみたちは将来何になるの？」という意味で，マックスとハンナに尋ねる疑問文になっています。問題文の主語は親称 2 人称複数 ihr です。主語が親称 2 人称単数 du なら wirst，3 人称単数 er / sie / es なら wird と不規則に変化しますが，ihr が主語の場合，語幹の母音は e のままです。werden は語幹が d で終わるため（**1**）の mieten と同様，口調を整える e を挟んだ上で語尾 -t をつけます。したがって，正解は選択肢 **3** の werdet です。［正解率 70.77%］

（**4**）文頭には動詞が入ること，また文末に感嘆符「！」があることから，命令形の文を完成させる問題だと判断します。選択肢の動詞は不規則変化動詞 fahren（(乗り物で) 走る，運転する）ですから，「もう少しゆっくり走って，クラウス！」という意味になるはずです。命令形は，命令・依頼の相手によって作り方が異なります。①親称 2 人称単数 du に対しては「語幹＋-e」（ただし語尾 -e は省くことが多い），②親称 2 人称複数 ihr に対しては「語幹＋-t」，③敬称 2 人称単数および複数 Sie に対しては「語幹＋-en Sie」となります。この問題ではクラウス（Klaus）と名前で呼びかけていることから，親称 2 人称単数 du に向けての命令・依頼だとわかります。したがって，正解は fahre の語尾 -e が落ちた選択肢 **1** の Fahr となります。なお現在人称変化では語幹の母音 a が ä に変わり du fährst となりますが，命令形では a のままです。［正解率 45.56%］

◇この問題は 12 点満点（配点 3 点×4）で，平均点は 7.49 点でした。

2 ここがポイント！

＊現在人称変化で語幹の母音が変わる動詞に注意しよう！
＊不規則動詞の用法や人称変化をしっかり覚えよう！
＊命令形の作り方を動詞ごとに確認しておこう！

3 冠詞類と代名詞

正解　（**1**）**2**　（**2**）**3**　（**3**）**2**　（**4**）**2**

冠詞類や代名詞の適切な変化形を問う問題です。冠詞類や代名詞は，性・数・格に応じて形が異なります。変化形を正しく覚えるとともに，文中での役割にも注意する必要があります。

（**1**）定冠詞の変化形を問う問題です。問題文は「きみは自転車をどこに置くの？ ――駅の前に置く」という意味であると予想されます。選択肢 **1** の dem を選んだ解答が 50.67% ありましたが，ここでは方向を問う wohin という疑問詞が使われていることからもわかるように，置く「場所」ではなく，「移動の方向」を表すので，前置詞 vor の後は 3 格ではなく 4 格にする必要があります。Bahnhof（駅）は男性名詞なので，正解は選択肢 **2** の den となります。なお，Bahnhof が男性名詞であるとわからなくても，選択肢 **3** の der にも選択肢 **4** の des にも，4 格の定冠詞であるという可能性はないので，消去法によって正解を導くことができます。[正解率 36.77%]

(**2**) 所有冠詞の変化形を問う問題です。問題文は「私たちの市の中心にはとても美しい教会が立っている」という意味であると予想されます。選択肢はいずれも所有冠詞 unser（私たちの）の変化形ですが，「私たちの市」を Mitte「中心」に関わる形にするには 2 格を選ぶ必要があります。Stadt は女性名詞ですから 2 格の語尾は -er となり，正解は選択肢 **3** の unserer となります。なお，Stadt が女性名詞・単数とわからなくても，2 格が適切であることに思い至れば，他の選択肢を除外することができます。また，unser の er は語尾ではないことも確認しておきましょう。[正解率 35.26%]

(**3**) 定冠詞の変化形を問う問題です。問題文は「社長は今どこにいますか？——彼は来客に会社を見せています」という意味であると予想されます。正解は選択肢 **2** の den です。Gästen が何格かすぐにはわからなくても，Gast の複数形だと推測できるでしょう。そして die Firma が zeigen（～に…を示す）の 4 格目的語だと判断できれば，Gästen の方は 3 格と特定することができ，定冠詞の複数 3 格 den が導き出せます。[正解率 39.36%]

(**4**) 疑問代名詞の変化形を問う問題です。問題文は「そこにある帽子は誰のもの？ ——知りません」という意味であると予想されます。gehören は所有物を主語にし，所有者を 3 格にして「～は…のものである」ということを表します。der Hut da（そこにある帽子）が主語なので，括弧には人を表す疑問代名詞 wer（誰が）の 3 格が入ります。したがって，正解は選択肢 **2** の Wem です。[正解率 41.79%]

◇この問題は 12 点満点（配点 3 点×4）で，平均点は 4.59 点でした。

3 ここがポイント！

＊性・数・格に応じた冠詞類の変化を正確に覚えよう！
＊ 3・4 格支配の前置詞では，場所か方向かに注意し，名詞句を正しい格で使おう！

＊動詞を覚えるときは，何格の名詞句を伴うかも一緒に覚えよう！

4 語順

正解 (1) **4** (2) **2** (3) **2** (4) **1**

語順を問う問題です。動詞や話法の助動詞，接続詞の位置など，語順についての基本的な規則を覚えている必要があります。

(**1**) 前置詞の位置を問う問題です。前置詞 ohne は「～なしで」という意味です。前置詞は原則として名詞の前に置かれるので，ohne は Milch「ミルク」または Zucker「砂糖」の前に置かれることが予測できます。Milch の前にはすでに mit という前置詞をともなう mit viel (～をたくさん入れて) という語句があり，その後にさらに前置詞を置くことはできません。それに対して，Zucker の前には aber しかありません。aber は接続詞なので，aber ohne Zucker は問題ありません。したがって，正解は選択肢 **4** です。問題文は「コーヒーはミルクを多く，しかし砂糖抜きにしてください」という意味です。[正解率 72.95%]

(**2**) 代名詞の位置を問う問題です。動詞 schenken は「～に…をプレゼントする」という意味で，人の 3 格と事物の 4 格の二つを目的語に取ります。文中の ihr は meine Mutter を受ける 3 格目的語，挿入する sie は Blumen を受ける 4 格目的語です。3 格と 4 格の両方が代名詞の場合，4 格が先に置かれます。したがって，正解は選択肢 **2** です。問題文は「これは母のための花です。誕生日に (それを彼女に) プレゼントします」という意味です。[正解率 53.85%]

(**3**) 定動詞の位置を問う問題です。第 2 文の aber は並列接続詞であり，前の文と後の文の間に置かれていると考えます。つまり，定動詞 lernt の位置は aber を除いて文頭から 2 番目と考えるので，heute に続く位置になります。したがって，正解は選択肢 **2** です。問題文は「いい天気だ。しかし今日ザンドラは一日中試験のために勉強しなければならない」という意味です。aber を第 2 文の文頭の成分と考えて，それに続く位置に当たる選択肢 **1** を選んだ解答が 21.86% ありました。[正解率 57.37%]

(**4**) 話法の助動詞の位置を問う問題ですが，kann は können の現在人称変化した形，すなわち定形 (言い換えれば定動詞) なので，本質的には (**3**) と同じく定動詞の位置の問題です。疑問詞を使った補足疑問文では話法の助動詞 (定動詞)

は2番目の位置に置かれます。したがって，正解は選択肢**1**です。問題文は「すみません。ここではどこに駐車できますか？」という意味です。［正解率 89.78%］

◇この問題は12点満点（配点3点×4）で，平均点は8.22点でした。

4 ここがポイント！

＊挿入される単語が問題文のどの単語と結びつくか，よく考えよう！
＊並列接続詞（und や aber，oder など）はその後に続く文の語順に影響を与えないことを確認しておこう！
＊目的語を二つ取る動詞（geben，schenken，zeigen など）では，目的語の語順に気を付けよう！

5 語彙

正解 （1） **4** （2） **2** （3） **2** （4） **2**

語彙力を問う問題です。状況に合わせて適切な語を選ぶことが求められます。

（**1**）問題文は「きみは今，何をしているの？ ――私はバスを（　　）ている」という意味です。第2文を見ると，動詞が入る（　　）の後に auf den Bus があります。Bus は男性名詞・単数形なので，den Bus は4格だと判断できます。選択肢の中で，auf＋4格と結びつく動詞は warten（待つ）です。意味も文の内容に合致します。したがって，選択肢**4**が正解です。［正解率 50.08%］

（**2**）問題文は「ルーカスはまだ大学生なの？ ――いいえ，彼は1年前から郵便局（　　）働いている」という意味です。空欄は女性名詞単数3格 der Post（郵便局）の前にあります。選択肢はすべて3格支配の前置詞です。この中から「郵便局で」という意味になるよう，働いている場所を表す前置詞を選ばなければなりません。選択肢の中で勤務する場所を表すのにふさわしい前置詞は bei だけです。したがって選択肢**2**が正解です。なお，働く場所でも Fabrik（工場）など空間のイメージが強い場合は in der Fabrik となります。bei＋3格は「働く空間」というよりは「勤め先」のイメージです。［正解率 42.29%］

（**3**）問題文は「私はスーパーマーケットでさらに（　　）を買いたい，つまりトマト，ジャガイモ，それにタマネギです」という意味です。（　　）に入るのは kaufen（買う）の目的語で，コロンの後には野菜に分類できる名詞が並んでいる

ので選択肢 **2** の Gemüse (野菜) が正解です。ちなみに選択肢 **1** の Fleisch は「肉」，選択肢 **3** の Getränke は「飲み物」，選択肢 **4** の Obst は「果物」です。なお，コロンはここでは「つまり」という意味で，コロン以下で，空欄の名詞を具体的に説明しています。[正解率 66.67%]

(**4**) 応答文の der は，質問文の主語 der Platz を指す指示代名詞で，besetzt は「ふさがっている」という意味です。したがって問題文は「すみません，この席はまだ (　　) ですか？ ——いいえ，残念ですが，そこはもうふさがっています」という意味になり，空欄には「空いている」を意味する語が入ると予測できます。「空いている」を意味する語は frei ですから，選択肢 **2** が正解です。選択肢 **4** の offen は，「開いている」の他に，「空いている」という意味でも使われますが，offen は座席などの具体的な場所ではなく，「(仕事の) ポスト」などが空いている場合に用いられます。[正解率 45.31%]

◇この問題は 12 点満点 (配点 3 点×4) で，平均点は 6.13 点でした。

5 ここがポイント！

＊文脈からどの単語が最も適切かを判断しよう！
＊ auf+4 格 warten などのように，動詞と結びつく前置詞がある。前置詞は個別に覚えるだけでなく，他の語との組み合わせで覚えよう！
＊どういう場所の場合に，どの前置詞を使うのか，組み合わせをしっかり把握して覚えよう！

6 会話表現

正解 (**1**) **3** (**2**) **4** (**3**) **3** (**4**) **2**

空欄に適切な表現を入れることにより，短い会話文を完成させる問題です。文法的な知識に加え，日常的な場面でよく用いられる慣用表現を覚えておく必要があります。

(**1**) **B** の返答「(今) 5 時半です」に対してふさわしい質問を選ぶ問題です。選択肢 **1** は「何時にお昼を食べるの？」，選択肢 **2** は「どの時計をあなたはお持ちですか？」，選択肢 **3** は「今，何時ですか？」，選択肢 **4** は「どのくらい私のために時間がとれる？」という意味です。**B** の返答は現在の時刻を述べているので，時

刻を尋ねる表現である選択肢 **3** が正解です。[正解率 62.56%]

(**2**) **A** の質問「お支払いですか？ ケーキが一つとコーヒー一杯で…8.70 ユーロになります」に対する返答としてふさわしい表現を選ぶ問題です。選択肢 **1** は「わかりました」，選択肢 **2** は「いいえ，結構です」，選択肢 **3** は「それで正しいです」，選択肢 **4** は「おつりは取っておいてください」という意味です。**B** は最初に「10 ユーロで」と述べて，8.70 ユーロに対して 10 ユーロを出したと判断できるので，それに続く発言は「おつりはいらない」という意味の表現が適切です。したがって，選択肢 **4** が正解です。選択肢 **1** を選んだ解答が 39.78% ありました。Alles klar (わかった) は主に了解を表すときに使われる表現です。ここでは「10 ユーロで」という自分の発言の後なので，文脈としてふさわしくありません。[正解率 34.92%]

(**3**) **A** の質問「今日，コートは必要ないのかな？」に対する返答としてふさわしい表現を選ぶ問題です。選択肢 **1** は「はい，今日は雨です」，選択肢 **2** は「いいえ，これはきみのコートじゃない」，選択肢 **3** は「いやいや，今日は寒くなるよ」，選択肢 **4** は「いいえ，きみはコートが必要です」という意味です。ここで注目すべきは，質問文に否定の kein が含まれていることです。疑問文に否定が含まれる場合，否定的内容で返答するなら nein，肯定的内容で返答するなら doch と返すのが基本です。選択肢 **1** は ja で返していますから，返答としてふさわしくありません。選択肢 **2** は「必要ないか」という質問に対してコートの持ち主のことを述べていますから，ふさわしくありません。選択肢 **4** は一見ふさわしいように見えますが，「必要ないか」という質問に，「必要だ」と肯定で答えたにもかかわらず，nein と返しているので，ここでの質問に対する返答としてはふさわしくありません。したがって，「必要ないか」という質問に対して doch で返し，「今日は寒くなる」つまり「コートが必要である」と肯定的内容で答えた選択肢 **3** が正解です。[正解率 45.06%]

(**4**) **A** の質問「どこにこの花瓶を置いたらいい？」に対する返答としてふさわしい表現を選ぶ問題です。選択肢 **1** は「それは戸棚の上にあります」，選択肢 **3** は「それはイタリア製です」，選択肢 **4** は「明日それを買います」という意味です。花瓶をどこに置くかを尋ねているので，「机の上にお願いします」という意味の選択肢 **2** Auf den Tisch, bitte. が正解です。選択肢 **2** は Stell sie auf den Tisch, bitte. (それを机の上に置いて) という命令文から Stell sie を省いたと考えられます。このように前置詞句だけで「方向」だということがわかる場合には，

動詞を省略することが会話ではよくあります。［正解率 63.40%］

◇この問題は 12 点満点（配点 3 点×4）で，平均点は 6.18 点でした。

6 ここがポイント！

＊日常会話でよく用いられる慣用表現を覚えよう！
＊短いやり取りでもどのような状況で話されているのかを的確に把握しよう！

7 手紙文の理解（正誤の選択）

正解 **(1) 2　(2) 1　(3) 2　(4) 2　(5) 1**

メールの文面を読み，送受信者や日付も含め情報を正しく読み取れているかどうかを問う問題です。選択肢がテキストの内容に合致する場合は **1**，合致しない場合は **2** と解答します。メール文中の話の流れを追うとともに，選択肢のドイツ語文の意味もきちんと理解する必要があります。

ここでは週末の予定についてユリに宛てたクリスタのメールが題材となっていますが，代名詞が誰を指すのか，誰が何をするのかを把握しながら選択肢と照らし合わせます。

まずメールの文面の意味です。

送信者：　クリスタ
受信者：　ユリ
件名：　週末
日付：　2024 年 3 月 2 日

ユリへ

ごめんなさい，私は明日あなたのところに行けなくなっちゃった。妹のエーファが風邪を引いてベッドで寝込んじゃってるの。私の両親は仕事へ行かなければならなくて，だから私は一日中彼女の側にいるように言われているのよ。彼女はようやく 8 歳で，私たちは彼女を家に一人で放っておきたくないの。

ところで，ひょっとしたら次の週末は時間がある？ 私はフリーマーケットに行くのが好きなんだけど，土曜日には宮殿庭園でフリーマーケットがあるんだ。一緒にそこへ行かない？

私の友達のヤスミンがそこで古着とアクセサリーを売っているの。それらを彼女は自分で作っているんだ。私は彼女の指輪やネックレスを本当に気に入っているんだ。きっとあなたも自分用に何か見つかるわ。
どう思う？

じゃあね。
クリスタ

1 は「エーファはユリを訪ねることができない。というのも彼女の妹が風邪を引いているからだ」という意味です。送信者と受信者の項目やメール文末の署名からも，ユリを訪ねることができないとメールを送ったのはクリスタだと読み取ることができます。エーファは風邪を引いているクリスタの妹ですから，メールの文面と合致しません。したがって，正解は **2** です。［正解率 60.80%］

2 は「クリスタは明日彼女の妹の面倒を見るように言われている」という意味です。für jm sorgen で「〜の世話をする，面倒を見る」という意味です。また sollen は「〜すべきだ」とよく訳されますが，「〜するように求められている」と第三者の意思を表します。妹の体調が悪く，両親が不在のため両親から「私は一日中彼女の側にいるよう言われている」と述べているテキストの内容と合致します。したがって，正解は **1** です。［正解率 68.09%］

3 は「クリスタの両親は週末しか働いていない」という意味ですが，メールの文中には両親が働く日について nur（〜だけ）のように週末に限定するような内容は見られません。メールの文面と合致しないので，正解は **2** です。［正解率 68.43%］

4 は「ヤスミンはフリーマーケットをよく訪れてアクセサリーを買っている」という意味です。テキストではメールを書いているクリスタ本人が「私はフリーマーケットに行くのが好きだ」と述べています。またヤスミンはクリスタの友人で，「フリーマーケットで服やアクセサリーを売っている」と書かれており，問題文はメールの文面に合致しません。したがって，正解は **2** です。［正解率 64.91%］

5 は「ヤスミンのアクセサリーをクリスタはとても素敵だと思う」という意味です。テキストの最後のほうで j^3 gefallen（主語を〜が気に入る）という動詞を用いて，クリスタが「彼女の指輪やネックレスをとても気に入ってる」と述べています。クリスタがヤスミンのアクセサリーを評価し好んでいる点でテキストの内容と問題文は合致していると言えます。したがって，正解は **1** です。［正解率 69.77%］

◇この問題は15点満点（配点3点×5）で，平均点は9.96点でした。

7 ここがポイント！

＊「誰が」「いつ」「どこで」「何を」するのか，それを表す語句に注目しながら，テキストの内容を整理しよう！

＊時間の経過や場所の移動など，状況を把握しながら，文脈を正確に読み取ろう！

8 会話文理解

正解 (a) 2　(b) 5　(c) 8　(d) 6　(e) 3

空欄に適切な選択肢の文を入れることで，会話文を完成させる問題です。選択肢に挙がっている文の意味を正しく理解することに加え，空欄の前後との文脈的なつながりや，会話全体の自然な流れを確認することが重要です。テキストは，オーストリアのウィーンに留学中のサトシが授業で出会ったルイーゼとの会話です。まず，会話文と選択肢の意味を確認しましょう。

内容

ルイーゼ: こんにちは，私はルイーゼ，パリから来たの。
サトシ: やあ，ぼくの名前はサトシで，東京から来たよ。
ルイーゼ: わあ，東京から！ 東京からウィーンまでは飛行機でどのくらいかかるの？
サトシ: （ **a** ）パリからウィーンまで電車でどのくらいかかるの？
ルイーゼ: わからない。飛行機で行くほうがいいんだ。（ **b** ）
サトシ: そうなんだね。ところで，今週末に遠出するんだ。
ルイーゼ: （ **c** ）
サトシ: グラーツに行くんだよ。（ **d** ）
ルイーゼ: ええ，喜んで！
サトシ: グラーツは本当に素敵だよ。
ルイーゼ: （ **e** ）
サトシ: ぼくもだよ。

1　13時だよ。

2　約13時間だよ。

3 とても楽しみにしているよ。
4 残念ながらすでに約束があるんだ。
5 列車だと私にとっては長くかかりすぎるんだ。
6 きみも一緒に来たい？
7 何を持っていくの？
8 どこに行くの？

(**a**) ルイーゼの「東京からウィーンまでは飛行機でどのくらいかかるの？」という質問に対し，(**a**) と答えた上で，さらに「パリからウィーンまで電車でどのくらいかかるの？」と尋ねています。そのため，サトシの答えは，直前のルイーゼの質問に対する答えと予想されます。正解は選択肢 **2** の「約 13 時間だよ」です。なお，選択肢 **1** の Es ist 13 Uhr は「13 時だよ」という意味で，時刻を表す表現なので (**a**) には入りません。[正解率 39.11%]

(**b**) ルイーゼは，サトシの「パリからウィーンまで電車でどのくらいかかるの？」という質問に対して，「わからない。飛行機で行くほうがいいんだ」と答え，それに続けて (**b**) と発言しています。その後，それを聞いたサトシは「そうなんだね」と反応を示しています。このことから，(**b**) では，電車ではなく飛行機で行くほうがよいと思っている理由を述べていると考えられます。正解は，選択肢 **5** の「列車だと私にとっては長くかかりすぎるんだ」です。[正解率 67.67%]

(**c**) サトシは話題を変え，ルイーゼに遠出を計画していることを伝えます。その直後ルイーゼは (**c**) と発言し，それに対してサトシは「グラーツに行くんだよ」と答えています。このことから，ルイーゼは，行先について尋ねていると予測できます。正解は，選択肢 **8** の「どこに行くの？」です。[正解率 68.43%]

(**d**) サトシは，ルイーゼの行先についての質問の後，「グラーツに行くんだよ」と答え，さらに (**d**) と続けます。それに対して，ルイーゼは「ええ，喜んで！」と答えます。この文脈から，サトシはルイーゼを遠出に誘ったことが予測できます。正解は，選択肢 **6** の「きみも一緒に来たい？」です。[正解率 81.57%]

(**e**) サトシの誘いに対して，ルイーゼが同行することを答えた後，更にサトシは「グラーツは本当に素敵だよ」と続けます。その後ルイーゼは (**e**) と発言し，サトシは「ぼくもだよ」と反応します。この文脈から，ルイーゼは遠出に一緒にいくことを肯定的にとらえている表現が続くことが予想されます。正解は，選択肢 **3** の「とても楽しみにしているよ」です。[正解率 65.58%]

◇この問題は 15 点満点（配点 3 点×5）で，平均点は 9.67 点でした。

8 ここがポイント！

＊会話中のキーワードや代名詞を手がかりに，正確な内容を理解しよう！
＊「何が」「どのように」「誰が」など，疑問詞が示す内容に注目しよう！
＊会話の場所や場面などで鍵となる表現をよく学習しておこう！

9 テキストの正確な理解（日本語文選択）

正 解　**1，5，6，8**（順序は問いません）

ある程度の長さのまとまったテキストを読み，その要点を正しく理解できるかどうかを問う問題です。テキスト中の表現を正確に読み解いた上で，選択肢の内容の正誤を判断することが求められます。まず，本文の内容を確認しましょう。

ユカは 9 歳で，両親と共に東京で暮らしています。4 月には家族揃って 2 年の予定でミュンヘンに行きます。ユカは現地でドイツの基礎学校に通います。彼女はドイツでの生活をいまから楽しみにしており，ドイツの学校についてもすでに多くのことを知っています。そこでは多くのことが（日本とは）違っています。例えば，生徒は教室を自分たちで掃除する必要がありません。そのことをユカは気に入っています。授業はたいてい昼頃に終わり，生徒は自宅で昼食をとります。それはユカにとって残念なことです。というのも，彼女は日本のように友達と一緒に教室で昼食をとりたいからです。不安も少しあります。現地の授業を理解できるでしょうか。というのも彼女はまだドイツ語がそれほど上手ではないからです。そのため毎週木曜日に語学学校のドイツ語コースに通っています。ドイツに出発する前にユカは A2 レベルの試験に合格したいと考えています。

【語彙】 Grundschule：基礎学校（小学校）　sich[4] auf et[4] freuen：～を楽しみにする　z.B.：例えば（zum Beispiel の略）　Unterricht：授業　zu Mittag essen：昼食をとる　ein bisschen: 少し　Angst：不安　noch nicht：まだ～ない　Sprachschule: 語学学校　Abflug：離陸，出発　A2-Prüfung：ヨーロッパ言語共通参照枠 A2 レベルの語学試験

選択肢 **1** は，本文第 1～2 行「4 月には家族揃って 2 年の予定でミュンヘンに

行きます」に合致するので，正解です。［正解率 83.50%］ 選択肢 **2** は，本文第 2～3 行「ユカは現地でドイツの基礎学校に通います」と矛盾するので，不正解です。選択肢 **3** は，本文第 4 行の「ドイツの学校についてもすでに多くのことを知っています」と矛盾するので，不正解です。選択肢 **4** は，本文第 4～5 行「例えば，生徒たちは教室を自分たちで掃除する必要がありません」と矛盾するので，不正解です。選択肢 **5** は，本文第 6～7 行「授業はたいてい昼頃に終わり，生徒は自宅で昼食をとります」に合致するので正解です。［正解率 92.29%］ 選択肢 **6** は，本文第 8～9 行「不安も少しあります。現地の授業を理解できるでしょうか」に合致するので，正解です。［正解率 75.21%］ 選択肢 **7** は，本文第 10～11 行「そのため毎週木曜日に語学学校のドイツ語コースに通っています」と矛盾するので，不正解です。選択肢 **8** は，本文第 11～12 行「ドイツに出発する前にユカは A2 レベルの試験に合格したいと考えています」に合致するので，正解です。［正解率 81.32%］

◇この問題は 12 点満点（配点 3 点×4）で，平均点は 9.97 点でした。

9 ここがポイント！

＊テキスト全体の流れをよく把握し，重要なキーワードに注意して，テキストの内容を読み取ろう！

＊接続詞や代名詞に注意して，文章を読み解こう！

＊わからない単語があっても，全体の文章の流れから内容を推測して読もう！

【聞き取り試験】

第1部 会話表現理解（流れが自然なものを選択）

正解 （1） **3** （2） **4** （3） **4** （4） **2**

放送された 4 通りの短い会話を聞き，流れが最も自然であるものを選ぶ問題です。文字や絵などの視覚情報を手がかりとすることなく，質問などの発話とそれに続く発話を正確に聞き取った上で，相互の内容的なつながりを確認する必要があります。また，そのためには，イントネーション，アクセント，個々の母音や子音の発音などに関する適切な理解も求められます。

なお，4 通りの会話において，先行する発話の部分はすべて同じです。以下では，最初にこの共通部分を，次いで後続する 4 通りの発話の部分を示します。

放送 問題 **1**： Gehst du jetzt essen?

選択肢： **1** Ja, ich bin schon satt.
2 Ja, morgen vielleicht.
3 Ja. Willst du mitkommen?
4 Was willst du essen?

「きみは今食事に行くの？」という質問に対して，選択肢 **1** では「うん，もうお腹いっぱい」，選択肢 **2** では「うん，もしかすると明日」，選択肢 **3** では「うん，きみも一緒に来たい？」，選択肢 **4** では「きみは何が食べたい？」と答えています。まず，選択肢 **4** は，単独の質問としては成り立っていますが，これに先立つ質問に対する返答としては不適切です。次に選択肢 **1** と選択肢 **2** は，Ja「うん」と肯定の返事をしているところまでは適切ですが，その後のつながりに齟齬をきたしています。それに対し選択肢 **3** では，肯定の返事の後に，「きみも一緒に来たい？」という問いが来ることで，自然な会話が成立しています。したがって，正解は選択肢 **3** です。［正解率 30.07%］

放送 問題 **2**： Um wie viel Uhr gehst du schlafen?

選択肢： **1** Ich möchte lange schlafen.
2 Nein, ich gehe erst später ins Bett.
3 Um die Ecke.
4 Um halb elf.

「何時に床に就くの？」という質問に対して，選択肢 **1** では「私は長く眠りたい」，選択肢 **2** では「いえ，私はもっと遅くなってから床に就きます」，選択肢 **3** では「角を曲がったところに／で」，選択肢 **4** では「10時半に」と答えています。まず，疑問詞を用いた疑問文に nein（いえ）という否定で返答するのは不適切なので，選択肢 **2** は除外できます。次に，時刻を尋ねる疑問文に対して，時刻とは直接関係しない返答をするのは不適切なので，選択肢 **1** と選択肢 **3** が除外できます。したがって，正解は選択肢 **4** となります。［正解率 62.06%］

放送　問題 **3**：　Welches T-Shirt soll ich nehmen?

選択肢： **1**　Das stimmt.
2　Mach's gut!
3　Nein, danke!
4　Nimm doch das blaue!

「どの T シャツにしたらいいだろうか？」という質問に対して，選択肢 **1** では「その通り」，選択肢 **2** では「お元気で！」，選択肢 **3** では「いえ，結構です」，選択肢 **4** では「青いのにしなよ」と答えています。まず，疑問詞を用いた疑問文に nein（いえ）という否定で返答するのは不適切なので，選択肢 **3** は除外できます。次に，「どれか？」と問う疑問文に対して，具体的にどれかを答えていない選択肢 **1** と選択肢 **2** が除外できます。したがって，正解は選択肢 **4** です。［正解率 39.03%］

放送　問題 **4**：　Was machen Sie in Ihrer Freizeit?

選択肢： **1**　Ich bin Student.
2　Ich gehe gern spazieren.
3　Ich kann nicht gut schwimmen.
4　Ja, richtig.

「あなたは余暇に何をしますか？」という質問に対して，選択肢 **1** では「私は学生です」，選択肢 **2** では「私は散歩に行くのが好きです」，選択肢 **3** では「私は上手く泳げません」，選択肢 **4** では「はい，正しいです」と答えています。まず，疑問詞を用いた疑問文に対して ja（はい）と肯定の返事をするのは不適切なので，選択肢 **4** は除外できます。次に，「何をするか」という質問に対して，選択肢 **1** は自分の身分を述べるだけ，選択肢 **3** は「泳げない」と答えるだけで，どちらも具体的に何をするかを答えていません。したがって，正解は選択肢 **2** です。［正解率 74.96%］

◇この問題は 12 点満点（配点 3 点×4）で，平均点は 6.19 点でした。

第1部 ここがポイント！

＊疑問文を聞き取る際には，疑問詞を伴うか否かに注意しよう！
＊疑問詞を伴う補足疑問文には，問題の情報を補う返答を，疑問詞を伴わない決定疑問文，すなわち典型的には定形動詞で始まる疑問文には，肯定ないし否定の返答を予想しよう！

第2部 テキストの重要情報の聞き取りと記述

正解 (5) **Zug** (6) **8** (7) **40** (8) **Schokolade**

放送された会話を聞き，その内容に関する質問に単語や数字で答える問題です。質問もドイツ語で放送されます。

放送

A: Hallo, Max. Hier ist Laura. Wie läuft's denn so in Wien?
B: Hallo, Laura. Ja, gut. Mein Hotel ist gemütlich und die Altstadt ist wirklich schön.
A: Du fliegst morgen schon wieder nach Berlin zurück, oder?
B: Nein, ich fahre mit dem Zug. Es dauert zwar ziemlich lange, aber ich finde das umweltfreundlicher.
A: Wie lange dauert es denn mit dem Zug nach Berlin?
B: Etwa 8 Stunden.
A: So lange. Und wie viel kostet eine Fahrkarte nach Berlin?
B: 40 Euro.
A: Das ist auf jeden Fall günstig. Übrigens, kannst du dann für mich ein bisschen Schokolade in Wien kaufen?
B: Ja, klar doch.
A: Super. Dann wünsche ich dir eine gute Rückreise!
B: Danke! Bis dann!
A: Tschüss.

内容:
A: もしもし，マックス，ラウラよ。ウィーンでは調子はどう？
B: やあ，ラウラ，順調だよ。ホテルは快適だし，旧市街は本当に素敵だね。
A: 明日にはもうベルリンに帰って来るんだよね，飛行機でかな？

B: いいや，列車だよ。たしかにかなり時間がかかるけど，そのほうが環境に優しいでしょ。
A: 列車だとベルリンまで何時間かかるの？
B: 8 時間かな。
A: 時間かかるね。で，ベルリン行きの乗車券はいくらするの？
B: 40 ユーロだよ。
A: それはとにかく安いわね。ところでちょっと私にウィーンのチョコレートを買ってきてくれない？
B: ああ，もちろんだよ。
A: やった。それじゃ，帰りの旅行気をつけてね！
B: ありがとう，じゃあね。
A: バイバイ。

【語彙】 es läuft ... = es geht ...: 調子（状態）は〜だ　zwar ..., aber ...: たしかに〜だが…　auf jeden Fall: いずれにしても，とにかく　bis dann: じゃあね

放送　問題 **5**: Womit fährt Max nach Berlin?

質問は「何に乗ってマックスはベルリンに帰りますか？」という意味です。ラウラ（**A**）はマックス（**B**）に「明日にはもうベルリンに帰って来るんだよね，飛行機でかな？」と述べています。動詞 fliegen は「飛行機に乗って行く」という意味なので，ラウラは飛行機でマックスがベルリンに帰って来ると思っています。それに対してマックスは「いいや，列車だよ」と答えています。解答用紙には Er fährt mit dem ________.（彼は ________ に乗ってベルリンへ帰る）と記載されているので，正解は **Zug** です。Zuk や Zuck など，つづりの誤りが見られました。［正解率 66.97%］

放送　問題 **6**: Wie lange dauert es nach Berlin?

質問は「ベルリンまで，どのくらい時間がかかりますか？」という意味です。ラウラ（**A**）が「列車だとベルリンまで何時間かかるの？」とマックス（**B**）に尋ね，マックスが「8 時間かな」と答えています。解答用紙には Es dauert etwa □ Stunden.（およそ □ 時間かかる）と記載されているので，正解は **8** です。［正解率 92.55%］

放送　問題 **7**: Wie viel kostet die Fahrkarte nach Berlin?

質問は「ベルリン行きの乗車券はいくらしますか？」という意味です。ラウラ（**A**）が「ベルリン行きの乗車券はいくらするの？」と尋ねると，マックス（**B**）は「40 ユーロだよ」と答えています。解答用紙には Sie kostet □□ Euro.（それは□□ ユーロです）と記載されているので，正解は **40** です。［正解率 71.36%］

放 送　問題 **8**：　Was kauft Max für Laura?

質問は「マックスはラウラのために何を買いますか？」という意味です。ラウラ（**A**）は「ところでちょっと私にウィーンのチョコレートを買ってきてくれない？」とマックス（**B**）に依頼しています。それに対してマックスは「ああ、もちろんだよ」とチョコレートを買うことを快諾しています。解答用紙には Er kauft für sie _______.（彼は彼女のために_______を買う）と記載されているので，正解は **Schokolade** です。英語の Chocolate や，Schokolade の l が r でつづられた解答が見られました。［正解率 16.84%］

◇この問題は 16 点満点（配点 4 点×4）で，平均点は 9.91 点でした。

第 2 部 ここがポイント！

＊単語のつづりはしっかりと覚えよう！
＊l と r をしっかり区別して，単語は必ず音読して覚えよう！
＊英語での sh がドイツ語では sch など，英語との違いに注意しよう！

第 3 部 短い文章／会話文の聞き取り

正 解　（**9**）　**2**　　（**10**）　**2**　　（**11**）　**1**

放送された短いテキストを聞き，その内容を表すのに最も適した絵を「解答の手引き」から選択する問題です。正確な聞き取り能力が求められます。

放 送　問題 **9**：　Peter, heute regnet es und es wird kalt. Vergiss deinen Regenschirm und deinen Mantel nicht!

内容：　ペーター，今日は雨が降って寒くなるよ。雨傘とコートを忘れないで！

この問題では，雨と寒さを凌ぐための表現を聞き取ることになります。雨傘とコートが描かれている選択肢 **2** が正解です。［正解率 56.03%］

放 送　問題 **10**：　Für das Frühstück morgen brauchen wir noch Käse und drei Brötchen.

内容： 明日の朝食のためにあとチーズと小さい丸パンが三つ必要です。

この問題では，翌日の朝食のためにまだ用意しなければならないものとその数を聞き取ることになります。イラストでは，小さい丸パンとチーズ，ハムとその数が描き分けられています。小さい丸パン三つとチーズが描かれている選択肢 **2** が正解です。［正解率 90.79%］

放送 問題 **11**： Kinder, ihr könnt mit euren Freunden Basketball spielen. Aber kommt bitte bis halb sechs nach Hause.

内容： あなたたち，友達とバスケットボールをしてかまわないよ。でも，5時半までに家に帰って来てね。

この問題では子どもたちが行おうとしているスポーツの種目と帰宅の時刻を聞き取る必要があります。バスケットボールと 17：30 という時刻表示が描かれている選択肢 **1** が正解です。halb sechs（5時半）という時刻を 18：30 と理解し，選択肢 **3** を選んだ解答が 37.10% ありました。［正解率 62.23%］

◇この問題は 9 点満点（配点 3 点×3）で，平均点は 6.28 点でした。

第3部 ここがポイント！

＊イラストに関わる数やキーワードを正しく聞き取ろう！

＊日頃から日常生活に関わるさまざまな表現（食べ物，衣服，時刻など）に触れて語彙力を身につけ，その発音もできるようにしよう！

3 級

3級 (Grundstufe)
検定基準

■ドイツ語の初級文法全般にわたる知識を前提に，簡単な会話や文章が理解できる。

■基本的なドイツ語を理解し，ほとんどの身近な場面に対応できる。
簡単な内容のコラムや記事などの文章を読むことができる。
短い文章の内容を聞き，簡単な質問に答え，重要な語句や数字を書き取ることができる。

■対象は，ドイツ語の授業を約120時間（90分授業で80回）以上受講しているか，これと同じ程度の学習経験のある人。

2023年度 夏期 ドイツ語技能検定試験
3級
筆記試験　問題
（試験時間　60 分）

出題は新しい正書法（単語のつづり方などに関する規則）に従います。解答は新旧いずれの方式でも認めます。

——注　意——

■受験票と机の上の受験番号が同じであることを確認してください。
■携帯電話，スマートフォン，スマートウォッチ等の電子機器類は電源を切り，カバン等にしまってください。机の上に置いてはいけません。
■中途退場は認めません。退場は試験放棄となります。

①問題冊子は試験開始の合図があるまで，開いてはいけません。
②問題冊子は表紙・裏表紙を含めて 8 ページあります。
余白は下書き・メモ用に使ってかまいません。
③試験監督者の指示に従って，解答用紙の所定の欄に，受験番号・氏名を記入してください。
④解答は黒の HB の鉛筆で強めに記入してください。
書き直す場合には，消しゴムできれいに消してから記入してください。
⑤**解答はすべて解答用紙の指定された箇所に記入してください。**
⑥記入する数字は，下記の見本に従って書いてください。

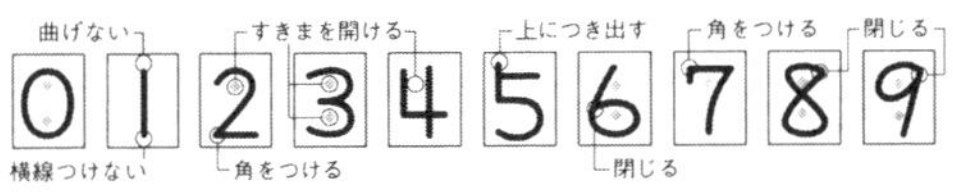

■試験が終わっても，指示があるまで席を立たないでください。
■解答用紙は持ち帰ってはいけません。
■この問題冊子の無断転載，無断複製を禁じます。

1

次の (1) ～ (4) の条件にあてはまるものが各組に一つあります。それを下の 1 ～ 4 から選び，その番号を解答欄に記入しなさい。

(1) 下線部の発音が他と異なる。

1 Gesundheit　2 Handarbeit　3 Landschaft　4 Leidenschaft

(2) 下線部にアクセント（強勢）がある。

1 Kollege　2 Kombination
3 Komponist　4 Kopfschmerzen

(3) 下線部が短く発音される。

1 Ahnung　2 Anruf　3 Anzug　4 Ausflug

(4) 問い **A** に対する答え **B** の下線の語のうち，通常最も強調して発音される。

A: Welcher Hut gefällt dir?
B: Der schwarze Hut gefällt mir am besten.

1 schwarze　2 Hut　3 gefällt　4 mir

2

次の (1) ～ (4) の文で（　　）の中に入れるのに最も適切なものを下の 1 ～ 4 から選び，その番号を解答欄に記入しなさい。

(1) Gehen Sie hier geradeaus, das Museum liegt rechts (　　) der Ecke.

1 an　2 aus　3 mit　4 seit

(2) Hast du dich (　　) deinen Sohn geärgert?

1 auf　2 gegen　3 über　4 vor

(3) Heute sind wir (　　) der Vorbereitung für die Party beschäftigt.

1 mit　2 über　3 von　4 zu

(4) Seit zwei Stunden warte ich hier (　　) den Zug.

1 auf　2 bis　3 durch　4 in

3 次の (1) ～ (4) の文で (　　) の中に入れるのに最も適切なものを下の 1 ～ 4 から選び，その番号を解答欄に記入しなさい。

(1) Am Vormittag war ich in der Bibliothek, um Bücher (　　).

1 zurückgab　　2 zurückgeben
3 zurückgegeben　　4 zurückzugeben

(2) Der Zug (　　) pünktlich am Flughafen angekommen.

1 hat　　2 hatte　　3 ist　　4 wird

(3) Gestern (　　) ich Bauchschmerzen, aber heute geht es mir schon besser.

1 bin　　2 habe　　3 hatte　　4 war

(4) Letzten Sommer ist Familie Ebert in unsere Stadt (　　).

1 umgezogen　　2 umziehen　　3 umzogen　　4 umzuziehen

4 次の (1) ～ (4) の文で (　　) の中に入れるのに最も適切なものを下の 1 ～ 4 から選び，その番号を解答欄に記入しなさい。

(1) Darf ich (　　) etwas fragen? – Ja, natürlich!

1 dir　　2 Ihnen　　3 sich　　4 Sie

(2) Ist das nicht der Schlüssel, (　　) du die ganze Zeit gesucht hast?
– Ach, da ist er ja!

1 dem　　2 den　　3 der　　4 dessen

(3) (　　) soll ich das Buch legen? – Auf den Tisch, bitte.

1 Wem　　2 Wo　　3 Woher　　4 Wohin

(4) (　　) wir jetzt Zeit haben, gehen wir ins Museum. Dort gibt es eine interessante Ausstellung.

1 Da　　2 Dass　　3 Ob　　4 Obwohl

5

次の (1) ～ (4) の文で (　　) の中に入れるのに最も適切なものを，下の 1 ～ 4 から選び，その番号を解答欄に記入しなさい。

(1) (　　) Sie mir bitte Bescheid, wenn Sie mit der Arbeit fertig sind.
1 Bringen　2 Geben　3 Haben　4 Machen

(2) Zuerst waren wir in einem Konzert. (　　) sind wir in ein Restaurant gegangen.
1 Danach　2 Gleichzeitig　3 Nämlich　4 Zurzeit

(3) Du gehst (　　) heute oder morgen zum Friseur. Was ist dir lieber?
1 entweder　2 sowohl　3 weder　4 zwar

(4) Wenn Sie (　　) an der Arbeit haben, melden Sie sich bitte bei mir.
1 Heimweh　2 Interesse　3 Sehnsucht　4 Ursache

6

次の文章は，高橋さんがドイツ留学中に指導を受けた教授に宛てたメールです。このメールを読んで，(1) ～ (3) の問いに答えなさい。

Von: Yuka Takahashi
An: Anton Schanze
Betreff: Deutschlandreise
Datum: 12. Juni 2023

Lieber Prof. Schanze,

ich hoffe, es geht Ihnen gut. Ich schreibe Ihnen heute, denn ich werde diesen Sommer in Deutschland sein, um an einem Symposium teilzunehmen. Und ich würde mich freuen, wenn Sie für ein Treffen Zeit finden könnten. Ich komme dafür auch gerne zu Ihnen nach Aachen. Das Symposium findet in Bonn statt, Aachen ist also nicht weit entfernt.

Dieses Mal komme ich mit meiner Familie, und zwar mit meinem Mann und mit meinen zwei Kindern. Ich würde sie Ihnen bei dieser (**A**) sehr gerne vorstellen. Wir werden vom 4. bis zum 25. August in Deutschland sein und wollen zuerst für zwölf Tage, also bis zum 15. August, in Bonn bleiben. In den zehn Tagen bis zum 25. August reisen wir durch Norddeutschland. Wir würden Sie gerne besuchen, während wir in Bonn sind.

(B) Weil ich zum ersten Mal seit zehn Jahren wieder in Deutschland bin, bin ich mir nicht sicher, ob mein Deutsch noch gut genug ist. Mein Mann spricht leider kein Deutsch, aber sehr gut Englisch. Ich bringe auch mein Buch mit, das ich im letzten Jahr veröffentlicht habe. Ich würde es Ihnen gerne geben.

Grüßen Sie bitte auch Ihre Frau von mir.

Mit freundlichen Grüßen
Yuka Takahashi

(1) 空欄(**A**)に入れるのに最も適切なものを下の **1** ～ **4** から選び，その番号を解答欄に記入しなさい。

1 Freiheit
2 Gelegenheit
3 Gesundheit
4 Schönheit

(2) 下線部 **(B)** を言い換えた時に最も近い意味になるものを下の **1** ～ **3** から選び，その番号を解答欄に記入しなさい。

1 Weil ich seit zehn Jahren jedes Jahr in Deutschland bin,
2 Weil ich schon seit zehn Jahren nach Deutschland fahren will,
3 Weil ich zum letzten Mal vor zehn Jahren in Deutschland war,

(3) 本文全体の内容に合うものを下の **1** ～ **5** から二つ選び，その番号を解答欄に記入しなさい。ただし，番号の順序は問いません。

1 Professor Schanze nimmt an einem Symposium teil.
2 Frau Takahashi möchte ihren Professor alleine besuchen.
3 Familie Takahashi bleibt etwa drei Wochen in Deutschland.
4 Frau Takahashi bleibt 15 Tage in Bonn.
5 Frau Takahashi möchte Professor Schanze ihr Buch schenken.

7 以下は，Nilsとサヤカの会話です。会話が完成するように，空欄（ **a** ）～（ **e** ）に入れるのに最も適切なものを，下の **1** ～ **8** から選び，その番号を解答欄に記入しなさい。

Nils: Hallo, Sayaka. Wie waren deine Sommerferien?

Sayaka: Toll! Ich bin im September nach Wien gefahren.

Nils: Klingt gut. (**a**)

Sayaka: Ich habe da an einem Deutschkurs teilgenommen.

Nils: (**b**)

Sayaka: Ich war drei Wochen da. Von Montag bis Freitag hatten wir nicht nur am Vormittag, sondern auch am Nachmittag Unterricht. Der Lehrer und die Teilnehmerinnen und Teilnehmer waren alle sehr nett. Der Kurs hat mir viel Spaß gemacht.

Nils: (**c**)

Sayaka: Ja. Ich bin oft ins Konzert gegangen. Ich habe auch zwei Opern gesehen. Die Stücke waren wunderbar!

Nils: (**d**)

Sayaka: Ja, natürlich! Am Wochenende bin ich dort zusammen mit den anderen Kursteilnehmerinnen und Kursteilnehmern gewandert. Es gibt in der Nähe von Wien viel schöne Natur. Und wir hatten immer gutes Wetter. Es hat mir sehr gut gefallen.

Nils: Hast du auch noch andere Städte besucht?

Sayaka: Ja. (**e**) Da habe ich Mozarts Geburtshaus besichtigt. Ich möchte wieder dorthin fahren!

1 Und wie lange warst du in Wien?

2 Kannst du mir ein Stück Kuchen geben?

3 Warst du auch im Wienerwald?

4 Was hast du denn in Wien gemacht?

5 Bist du am Abend oft ausgegangen?

6 Willst du in Japan Deutsch lernen?

7 An einem Wochenende bin ich nach Salzburg gefahren.

8 Ich kenne keine anderen Städte in Österreich.

8 バイリンガルクラス（die bilinguale Klasse）に関する次の文章を読んで，内容に合うものを下の **1** ～ **8** から四つ選び，その番号を解答欄に記入しなさい。ただし，番号の順序は問いません。

Im letzten Sommer hat die Stadt Bern mit einer sogenannten „bilingualen Klasse“ begonnen. 24 Kinder im ersten und zweiten Kindergartenjahr werden sowohl in deutscher, als auch in französischer Sprache unterrichtet. Ein Drittel der Kinder spricht muttersprachlich Deutsch, ein Drittel spricht Französisch und ein Drittel ist bereits zweisprachig. Sie sprechen im Unterricht manchmal Deutsch, manchmal Französisch – wie es gerade passt oder welche Sprache ihnen zuerst einfällt. Die Kinder gewöhnen sich relativ schnell und einfach daran, zwei Sprachen zu benutzen.

Als vor zwei Jahren die zweisprachige Klasse in Bern erlaubt wurde, war das Interesse der Eltern sehr groß – 115 Kinder waren angemeldet. Für das nächste Schuljahr sind es mit 86 Kindern etwas weniger. Aber man kann sagen, dass das Interesse weiterhin groß ist.

Trotz des großen Interesses wird die Stadt Bern erst einmal keine weiteren zweisprachigen Klassen eröffnen. Denn die Schulen sollen selbst aktiv werden und neue Klassen schaffen. Aber im Moment gibt es noch keine solchen Anfragen. Die bilinguale Klasse, die letzten Sommer gestartet ist, wird aber weitergeführt – mindestens bis zur sechsten Klasse der Schule.

Die Kinder, die teilnehmen, kommen aus verschiedenen Stadtvierteln. Sie werden von den Eltern mit dem Fahrrad zum Kindergarten gebracht oder benutzen öffentliche Verkehrsmittel.

1 ベルン市のすべての幼稚園の園児は，ドイツ語とフランス語で授業を受けている。

2 バイリンガルクラスの子どもたちは授業中，ドイツ語かフランス語のどちらか，授業ごとに決められた言語を話さなければならない。

3 バイリンガルクラスの子どもたちの3分の1はすでに2言語を話せる。

4 子どもたちは比較的すぐに2言語を話すことに慣れる。

5 バイリンガルクラスが始まった年は，申し込んだ子どもたち全員がクラスに入ることが出来た。

6 2年前，バイリンガルクラスへの親たちの関心は高くなかった。

7 ベルン市は今のところ，新たにバイリンガルクラスを開く予定はない。

8 バイリンガルクラスが開設されている幼稚園へは，近くに住む子どもたちだけでなく，市内のさまざまな地域の子どもたちが通っている。

3級

2023年度 夏期 ドイツ語技能検定試験

筆記試験 解答用紙

受験番号	氏名

手書き数字見本

曲げない　すきまを開ける　上につき出す　角をつける　閉じる

0 1 2 3 4 5 6 7 8 9

横線つけない　角をつける　閉じる

1	(1)		(2)		(3)		(4)				
2	(1)		(2)		(3)		(4)				
3	(1)		(2)		(3)		(4)				
4	(1)		(2)		(3)		(4)				
5	(1)		(2)		(3)		(4)				
6	(1)		(2)		(3)						
7	a		b		c		d		e		
8											

17

2023 年度 夏期 ドイツ語技能検定試験

3 級

聞き取り試験　解答の手引き

(試験時間　約 25 分)

出題は新しい正書法(単語のつづり方などに関する規則)に従います。解答は新旧いずれの方式でも認めます。

——注　意——

■受験票と机の上の受験番号が同じであることを確認してください。

■携帯電話，スマートフォン，スマートウォッチ等の電子機器類は電源を切り，カバン等にしまってください。机の上に置いてはいけません。

■中途退場は認めません。

①指示があるまでページを開いてはいけません。

②聞き取り試験は 3 部から成り立っています。

③試験監督者の指示に従って，解答用紙の所定の欄に，受験番号・氏名を記入してください。

④放送の指示でページを開き，解答のしかたをよく読んでください。

⑤解答は黒の HB の鉛筆で強めに記入してください。

書き直す場合には，消しゴムできれいに消してから記入してください。

⑥解答はすべて試験時間内に解答用紙の指定された箇所に記入してください。

⑦記入する数字は，下記の見本に従って書いてください。

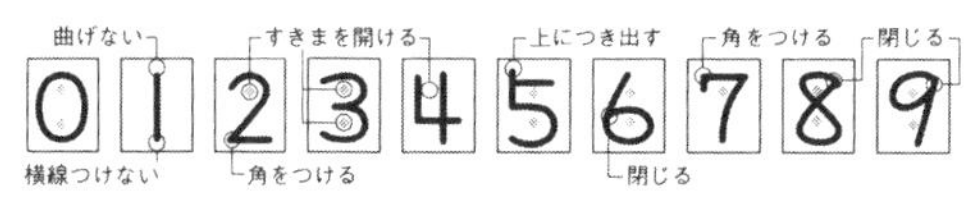

⑧アルファベットは大文字と小文字の判別ができるようにはっきりと書いてください。

■試験が終わっても，指示があるまで席を立たないでください。

■解答用紙は持ち帰ってはいけません。

■この問題冊子の無断転載，無断複製を禁じます。

18

第 1 部　Erster Teil

1. 第 1 部は問題（**1**）から（**3**）まであります。
2. ドイツ語の短い会話を 2 回放送します。
3. 設問の答えとして最も適切なものを選択肢 **1** ～ **4** から選び，その番号を解答用紙の所定の欄に記入してください。
4. メモは自由にとってかまいません。

（**1**） Wann ist der Termin von Herrn Westhagen?

1 Am Montag um 10 Uhr.
2 Am Montag um 11 Uhr.
3 Am Dienstag um 10 Uhr.
4 Am Dienstag um 11 Uhr.

（**2**） Warum war Herr Wagner letzte Woche in England?

1 Er war bei einem Freund.
2 Er war bei einer Hochzeit.
3 Er hat geheiratet.
4 Er hat gearbeitet.

（**3**） Was macht Ute am Wochenende?

1 Sie geht auf den Flohmarkt.
2 Sie geht ins Fußballstadion.
3 Sie spielt im Park.
4 Sie fährt nach Dortmund.

19

第 2 部　Zweiter Teil

1. 第 2 部は，問題（**4**）から（**6**）まであります。
2. まずドイツ語の文章を放送します。
3. 次に，内容についての質問を読みます。間隔を置いてもう一度放送します。
4. 質問に対する答えとして最も適した絵をそれぞれ **1** ～ **3** から選び，その番号を解答用紙の所定の欄に記入してください。
5. 以下，同じ要領で問題（**6**）まで順次進みます。
6. 最後に，問題（**4**）から（**6**）までの文章と質問をもう一度通して放送します。
7. メモは自由にとってかまいません。

20

第 3 部　Dritter Teil

1. 第 3 部は，問題 (**7**) から (**10**) まであります。
2. まずドイツ語の会話を放送します。それに続き，この会話の内容に関する質問 (**7**) ～ (**10**) を読みます。
3. そのあと，約 30 秒の間をおいてから，同じ会話をもう一度放送します。
4. 次に質問 (**7**) ～ (**10**) をもう一度読みます。
5. 質問に対する答えとして，(**7**)，(**8**) には適切な一語を，(**9**)，(**10**) には算用数字を解答用紙の所定の欄に記入してください。なお，単語は大文字と小文字をはっきり区別して書いてください。
6. メモは自由にとってかまいません。
7. 質問 (**10**) の放送のあと，およそ 1 分後に試験終了のアナウンスがあります。試験監督者が解答用紙を集め終わるまで席を離れないでください。

(**7**) Er hat eine neue ______________.

(**8**) Sie treffen sich vor dem ______________.

(**9**) Sie treffen sich um □□ : 30 Uhr.

(**10**) Sie fahren mit der Buslinie □□.

3級

2023年度 夏期 ドイツ語技能検定試験

聞き取り試験 解答用紙

受 験 番 号	氏 名

手書き数字見本

曲げない　すきまを開ける　上につき出す　角をつける　閉じる

0 1 2 3 4 5 6 7 8 9

横線つけない　角をつける　閉じる

【第 1 部】

(1)		(2)		(3)	

【第 2 部】

(4)		(5)		(6)	

【第 3 部】

(7) Er hat eine neue ________________.　採点欄

(8) Sie treffen sich vor dem ________________.　採点欄

(9) Sie treffen sich um ☐☐ : 30 Uhr.

(10) Sie fahren mit der Buslinie ☐☐.

夏期《3級》 ヒントと正解

【筆 記 試 験】

1 発音とアクセント

正解 (1) 4　(2) 4　(3) 1　(4) 1

発音，アクセントの位置，母音の長短，文中で強調して発音される語に関する問題です。発音の基本的な規則についての知識や，簡単な会話内容を把握する能力が必要とされます。

(1) 子音 d の発音に関する問題です。選択肢 **1** の Ge·sund·heit (健康，以下「·」で音節の区切れを示します。)，選択肢 **2** の Hand·ar·beit (手仕事)，選択肢 **3** の Land·schaft (風景) の場合，d の位置は音節末や複合語を構成している単語の語末にあります。このように音節末や語末にある d は無声化し，[t] と発音されます。選択肢 **1** を選んだ解答が 26.17% ありましたが，解答として適切ではありません。選択肢 **4** の Lei·den·schaft (情熱) の d は音節末や語末ではないので，[d] という有声音で発音します。正解は選択肢 **4** です。[正解率 58.96%]

(2) 語のアクセントの位置に関する問題です。語のアクセントは原則として最初の音節にあります。しかし，外来語にはこの原則から外れる単語もあります。問題は，最初の音節の下線部 o へのアクセントの有無です。選択肢 **1** の Kol·le·ge (同僚)，選択肢 **2** の Kom·bi·na·tion (組み合わせ)，選択肢 **3** の Kom·po·nist (作曲家) はいずれも外来語で，最初の音節にアクセントはありません。その一方で，選択肢 **4** の Kopf·schmer·zen (頭痛) は Kopf (頭) と Schmerz (痛み) の合成語で，最初の音節を強く発音します。正解は選択肢 **4** です。[正解率 77.96%]

(3) 母音の長短に関する問題です。ここでは母音 u を短く発音する単語を選択します。母音の長短は，後に続く子音字が一つなら長く，後に続く子音字が二つ以上であれば，短く発音します。選択肢 **1** の Ahnung (予感) は，u の後に続く子音字が二つなので，短く発音されます。選択肢 **2** の Anruf (電話)，選択肢 **3** の Anzug (スーツ)，選択肢 **4** の Ausflug (遠足) は，母音 u の後に続く子音字が一つなので，長く発音されます。正解は選択肢 **1** です。[正解率 79.91%]

(**4**) 文の中で強調して発音される語を問う問題です。**A** は「どの帽子が気に入った？」と尋ねます。これに対して **B** は「この黒い帽子が，一番気に入った」と答えています。**A** の質問は welcher Hut (どの帽子が) で始まっているので，帽子の特徴が重要な情報となります。**B** の答えでは，帽子の色をあらわす schwarze (黒い) が最も重要な情報です。正解は選択肢 **1** です。[正解率 87.95%]

◇この問題は 12 点満点 (3 点×4) で，平均点は 9.14 点でした。

1 ここがポイント！

＊語のアクセントの位置に関する原則をマスターしよう！
＊母音の長短とスペルの関係をよく学習しておこう！
＊外来語の場合などアクセントの位置が原則と異なる場合について，学習しておこう！
＊会話文では，何が重要な情報なのかに意識を向けよう！

2 前置詞

正解　(**1**) **1**　(**2**) **3**　(**3**) **1**　(**4**) **1**

前置詞に関する問題です。前置詞は，時間や場所などさまざまな意味関係を表します。また，特定の動詞や形容詞との組み合わせで用いられる場合があります。そうした「動詞＋前置詞」，「形容詞＋前置詞」の組み合わせはひとまとまりの表現として覚えましょう。

(**1**) 前置詞 an は，空間的に密接またはごく近い場所にいる・あることを表す用法があります。Museum (博物館，美術館) は Ecke (角) に密接した場所にあると考えられますので，正解は選択肢 **1** の an です。問題文は「ここをまっすぐ行ってください，博物館は右側の角にありますよ」という意味です。[正解率 73.29%]

(**2**) 前置詞 über は，「～について，～に関して」という意味があります。したがって，正解は選択肢 **3** の über です。問題文は「きみは息子さんのことに腹を立てていたの？」という意味です。なお，選択肢 **2** の gegen を選んだ解答が 20.52%，**4** の vor を選んだ解答が 22.15% ありました。動詞 ärgern はこれらの前置詞と結びつく用法はありません。[正解率 37.68%]

(**3**) 動詞 beschäftigen の過去分詞 beschäftigt は，ここでは形容詞として前置詞 mit と結びつき，mit et[3] beschäftigt sein で「～に従事している，～で忙しい」という意味になります。したがって，正解は選択肢 **1** の mit です。問題文は「今日私たちはパーティーの準備で忙しい」という意味です。［正解率 42.35%］

(**4**) 動詞 warten は auf jn / et[4] warten で「～を待つ」という意味になります。したがって，正解は選択肢 **1** の auf です。問題文は「2 時間前から私はここで電車を待っている」という意味です。なお，選択肢 **4** の in を選択した解答が 19.76% ありましたが，in den Zug だと「電車の中へ」という意味になり，「待つ」とは合いません。［正解率 64.60%］

◇この問題は 12 点満点（配点 3 点×4）で，平均点は 6.54 点でした。

2 ここがポイント！

＊前置詞 über は「～について」という意味に使われるなど，前置詞の基本的な意味と格支配を覚えよう！

＊動詞 warten が前置詞 auf と結びつくと「～を待つ」という意味を表すように，特定の動詞や形容詞と結びつく前置詞の用法を覚えよう！

3 動詞と助動詞（過去形・接続法 II 式・現在完了）

正解　(1) **4**　(2) **3**　(3) **3**　(4) **1**

動詞や助動詞に関する問題です。現在完了形，過去形，受動構文，接続法第 II 式，zu 不定詞など，さまざまな時制や用法の適切な形を選ぶ必要があります。

(**1**) 問題文はコンマによって二つの部分に分けられています。前半部は「午前中，私は図書館に行ってきた」という意味です。後半部の先頭の um に注目してください。um には zu 不定詞（句）と結びついて，「～するために」という意味を作る用法があります。選択肢にあるのは動詞 zurückgeben（返却する，返す）のさまざまな形ですので，後半部は「本を返却するために」という意味になると予測できます。選択肢の中から zu 不定詞を選ばなければなりませんが，zurückgeben は分離動詞です。分離動詞の zu 不定詞は，zu を前つづり zurück と動詞部分 geben の間に挿入して，zurückzugeben という形になります。したがって正解は選択肢 **4** です。［正解率 58.20%］

(**2**) 問題文の文末に置かれた angekommen という語は，動詞 ankommen（到着する）の過去分詞です。選択肢にあるのは haben と sein と werden の現在または過去の人称変化形です。主語が der Zug（列車）であること，文末に過去分詞が置かれていることから，これは「列車は時間通りに空港に到着した」という意味の現在完了形の文だと予測できます。完了の助動詞には haben と sein がありますが，動詞 ankommen は場所の移動を表す自動詞で，完了の助動詞は sein を取ります。主語は 3 人称単数の der Zug ですので，sein の形は ist となります。したがって正解は選択肢 **3** です。［正解率 65.04％］

(**3**) 問題文はコンマによって二つの部分に分けられています。前半部は「昨日，私は腹痛（Bauchschmerzen）だった」という意味だと推測できます。「腹痛である」はドイツ語では「腹痛を持つ」と表現されます。したがって正解は選択肢 **2** の habe か選択肢 **3** の hatte のどちらかになります。ここで副詞 gestern（昨日）に注目してください。「昨日」ですので，語られている内容は過去の出来事だと判断できます。コンマの後の文「しかし今日はもうよくなっている」が現在形（geht）であることに惑わされないよう注意してください。主語 ich に対する haben の過去の人称変化形は hatte です。したがって正解は選択肢 **3** です。［正解率 66.56％］

(**4**) まず，主語が 3 人称単数の Familie Ebert（エーベルト一家）で，主語に合わせて動詞 sein が ist という形を取っていることに注目してください。次に，文末の空欄に入る選択肢を見ると，これらが動詞 umziehen のさまざまな形であるとわかります。このことから ist は完了の助動詞で，文末の過去分詞と結びついて現在完了形を作っていると予測できます。動詞 umziehen には分離動詞と非分離動詞があります。分離動詞ならば，自動詞で「引っ越す」という意味になり，過去分詞は umgezogen です。非分離動詞ならば，他動詞で「囲い込む，覆う」という意味になり，過去分詞は umzogen です。完了の助動詞 sein は，場所の移動を表す自動詞の過去分詞と結びつくので，自動詞で「引っ越す」という意味を持つ分離動詞の過去分詞 umgezogen を選択するのが適切です。これによって問題文は「去年の夏，エーベルト一家はこの街に引っ越して来た」という意味になります。したがって正解は選択肢 **1** です。［正解率 66.67％］

◇この問題は 12 点満点（配点 3 点×4）で，平均点は 7.69 点でした。

3 ここがポイント！

＊さまざまな助動詞（完了・受動・使役・話法の助動詞など）の用法を覚え

る際に，ペアになるものがどのような形（不定形・過去分詞・zu 不定詞）を取るのか，合わせて覚えよう！
＊分離動詞と非分離動詞は，zu 不定詞や過去分詞の形が異なるので気をつけよう！
＊過去分詞や zu 不定詞など，動詞のさまざまな形をコツコツと確実に覚えていこう！

4 代名詞・疑問詞・関係副詞など

正解 **(1) 4　(2) 2　(3) 4　(4) 1**

代名詞，疑問詞，関係副詞などに関する問題です。

(**1**) 代名詞に関する問題です。問題文は「(　　) に少々質問してもよろしいでしょうか？ ――はい，もちろんです」という意味です。空欄には質問する相手を表す人称代名詞が入ることが予想されます。fragen は「〜に質問する」という意味ですが，質問する相手を 4 格で表わす動詞であることに注意が必要です。選択肢 **1** の mir と選択肢 **2** の Ihnen は 3 格なのでまず除外できます。選択肢 **3** の sich は 3 人称または敬称 2 人称を表す再帰代名詞なので，主語 ich には合いません。したがって，正解は選択肢 **4** です。なお，選択肢 **1** を選んだ解答が 35.07%，選択肢 **2** を選んだ解答が 31.92% ありました。ドイツ語の格と日本語の格助詞「が(は)・の・に・を」が必ずしも一致するとは限りません。この他，anrufen (〜に電話をする) も 4 格とともに用いられる動詞なので合わせて覚えておきましょう。[正解率 19.22%]

(**2**) 関係代名詞に関する問題です。第 1 文の前半部は「これその鍵じゃない？」という意味です。後半部の空欄以外は「きみがずっと探していた」という意味です。それに対する答えの文は「ああ，そこにあったのか！」という意味です。第 1 文の後半部は定動詞 hast が文末にあることから副文であることがわかります。したがって選択肢は関係代名詞と考えられるので，空欄には先行詞 Schlüssel (男性単数) を受け，なおかつ副文内での役割に応じた格を表す語句を入れる必要があります。関係文の動詞 suchen (探す) は他動詞で，関係文にはすでに主語 (du) があるので空欄には 4 格の関係代名詞 den を入れるのが適切です。したがって，正解は選択肢 **2** です。[正解率 62.21%]

(**3**) 疑問詞に関する問題です。問題文は「その本（　　）置けばいい？ ——机の上へ置いて」という意味です。選択肢 **1** は「誰に」，選択肢 **2** は「どこ」，選択肢 **3** は「どこから」，選択肢 **4** は「どこへ」という意味です。答えの文で用いられている前置詞 auf は，場所を表す場合は 3 格の名詞・代名詞と，方向を表す場合は 4 格の名詞・代名詞と結びつきます。auf の後に 4 格の名詞 den Tisch があるので，方向を答えていることがわかります。また，質問文の動詞 legen（置く）も方向を表す語とともに用いられる動詞です。四つの選択肢のうち，方向を尋ねる疑問詞は選択肢 **4** の Wohin です。したがって，正解は選択肢 **4** です。空欄を含む文は「その本どこへ置けばいい？」という意味になります。なお，選択肢 **3** を選んだ解答が 33.01% ありました。3・4 格と結びつく前置詞がある場合は，その後の名詞の格に注目し，場所か方向か判断することが重要です。［正解率 48.10%］

(**4**) 接続詞に関する問題です。第 1 文は「私たちは今時間がある（　　）美術館に行きます」，第 2 文は「そこには興味深い展示があります」という意味です。第 1 文の前半部の最後に定動詞 haben があることからこの部分が副文であることがわかります。したがって，空欄には従属接続詞が入ると考えられます。選択肢 **1** の da は副詞としても使われますが，従属接続詞としての意味は「～だから」，選択肢 **2** は「～ということ」，選択肢 **3** は「～かどうか」，選択肢 **4** は「～にもかかわらず」という意味です。第 1 文の前半部では，美術館に行く理由を述べていると考えられます。したがって，正解は選択肢 **1** です。空欄を含む文は，「私たちは今時間があるので美術館に行きます」という意味です。［正解率 43.43%］

◇この問題は 12 点満点（配点 3 点×4）で，平均点は 5.19 点でした。

4 ここがポイント！

＊関係代名詞の格は関係文の中での役割によって決まるので，格を決めている動詞または前置詞に注目しよう。

＊よく使われる動詞が何格の名詞・代名詞と共に使われるか覚えよう！ 特に日本語の格助詞（が・の・に・を）と異なる動詞には気をつけよう！

5 語彙（形容詞・分離動詞・慣用表現など）

正 解　(**1**) **2**　(**2**) **1**　(**3**) **1**　(**4**) **2**

動詞，副詞，慣用的表現に関する問題です。よく使われる言い回しに関する知識や，文脈に合わせて適切な語を選ぶ力が求められます。

(**1**) 問題文は「仕事が終わったら私に知らせを（　　）」という意味です。Bescheid は geben と組み合わせて「知らせを与える＞知らせる」という意味を表わします。したがって，正解は選択肢 **2** です。選択肢 **4** の Machen を選んだ解答が 25.41%，選択肢 **1** の Bringen を選んだ解答が 23.56% ありました。[正解率 38.00%]

(**2**) 問題文は「始めに私たちはコンサートに行きました。（　　）レストランに行きました」という意味です。二つの行動について述べられていますが，空欄には第 1 文の「始めに」に対して，「それから，次に，その後で」を意味する単語が入ることが予測できるので，選択肢 **1** が正解です。その他の選択肢の gleichzeitig，nämlich，zurzeit も，いずれも重要な副詞表現なので，覚えて使えるようにしておきましょう。[正解率 80.46%]

(**3**) 問題文は「（　　）今日か明日美容院に行きなさい。どちらのほうがいいですか」という意味です。（　　）の語がなくても文としては成立しますが，ここでは oder と組み合わせて，「〜か…かどちらか一方」を意味する相関接続詞が入ります。選択肢 **1** が正解です。なお，選択肢 **3** を選んだ解答が 29.97% ありました。選択肢 **2** は相関接続詞 sowohl ... als auch ...（〜と同様…もまた）で用いられる接続詞，選択肢 **3** は相関接続詞 weder ... noch ...（〜でも…でもない）で用いられる接続詞，選択肢 **4** は接続詞ではありませんが，zwar ... aber ...（たしかに〜ではあるが…）というかたちで aber と呼応して用いられる副詞です。[正解率 44.19%]

(**4**) 問題文は「もし仕事に（　　）がありましたら私に連絡をください」という意味です。正解を導き出すためには文脈に注目するだけでなく，前置詞 an と組み合わせて用いることができるかどうかを判断する必要があります。「〜に関心がある」(Interesse an ... haben) という慣用表現を形成する選択肢 **2** が正解です。選択肢 **1** の Heimweh，選択肢 **3** の Sehnsucht はいずれも動詞 haben と組み合わせることができますが，前置詞 an と組み合わせることができないため正解とはなりません。[正解率 60.15%]

◇この問題は 12 点満点 (配点 3 点×4) で，平均点は 6.68 点でした。

5 ここがポイント！

＊名詞を覚える際には，特定の結びつきで使われる動詞もチェックしておこう！

＊単語の意味だけではなく，文法や文脈にも注目して正解を導き出そう！

6 手紙文理解

正解 (1) 2　(2) 3　(3) 3, 5（順不同）

メールの文面を読んだ上で内容を正しく理解できるかどうかを問う問題です。ドイツ語のメールには，手紙に準じた独自の形式があります。以下は，問題で使用されたテキストの日本語訳です。

送信者:　ユカ・タカハシ
受信者:　アントン・シャンツェ
件名:　ドイツ旅行
日付:　2023 年 6 月 12 日

親愛なるシャンツェ教授

お元気でお過ごしのことと存じます。本日メールを差し上げたのは，私がシンポジウムに参加するため，今年の夏ドイツにいる予定だからです。そしてもし先生にお会いする時間があるようでしたらうれしく存じます。そのためには喜んでアーヘンにも伺います。シンポジウムはボンで開催され，アーヘンは遠くありませんので。

今回は家族と参ります。夫と 2 人の子どもたちとともに。この (**A**) に先生に家族をぜひ紹介できればと思っています。8 月 4 日から 25 日までドイツにいる予定です。そしてまず 12 日間，つまり 8 月 15 日までボンにいるつもりです。8 月 25 日までの 10 日間は北ドイツを旅行します。私たちはボンにいる間に先生を訪ねたいと思っています。

(**B**) ドイツに行くのが 10 年ぶりなので，ドイツ語がまだ十分かどうかわかりません。私の夫は残念ながらドイツ語は話しませんが英語が上手に話せます。昨年出版した私の本を持参します。ぜひお渡ししたいと存じます。

奥様にもよろしくお伝えくださいませ。

敬具

ユカ・タカハシ

テキストは，タカハシさんがドイツにいるシャンツェ教授に宛てたメールの文面です。シンポジウムに参加するため今夏ドイツを訪問するので，その際に教授に会いたいというという内容です。この問題では，文脈的に適切な語を選択できるかどうか，文意を正確に理解できるかどうか，テキストの内容を正しく把握できるかどうかが問われています。

(**1**) は，空欄 (**A**) に入る適切な名詞を選ぶ問題であり，文脈から適切な語彙を判断する力が求められています。空欄 (**A**) を含む文は，「この (**A**) に先生に家族をぜひ紹介できればと思っています」という意味です。選択肢 **1** の Freiheit は「自由」，選択肢 **2** の Gelegenheit は「機会」，選択肢 **3** の Gesundheit は「健康」，選択肢 **4** の Schönheit は「美しさ」という意味です。どれも女性名詞ですので，文脈から適切なものを選ぶ必要があります。前置詞 bei は場所を表すだけでなく，「～の際に」という意味でも用いられます。シンポジウムに参加するためにドイツに行くという機会を利用して教授に家族を紹介したいという内容を述べているので Gelegenheit (機会) が適切です。したがって，正解は選択肢 **2** です。選択肢 **1** を選んだ解答が 23.89% ありました。空いている時間に，という意味で選択したものと思われますが，Freiheit はそのような意味で使用することはできません。[正解率 30.29%]

(**2**) は，下線部 (**B**) の言い換えとして適切なものを選ぶ問題です。三つの選択肢の意味は以下の通りです。

1　10 年前から，毎年ドイツに行っているので，
2　すでに 10 年前からドイツに行くつもりなので，
3　最後にドイツにいたのが 10 年前なので，

下線部 (**B**) の zum ersten Mal seit zehn Jahren は「10 年来初めて (10 年ぶりに)」という意味です。選択肢 **3** の zum letzten Mal は「最後に」，vor zehn Jahren は「10 年前に」という意味で，最後にドイツに滞在したのは 10 年前，ということになるので下線部 (**B**) の言い換えとして適切です。したがって，正解は選択肢 **3** です。[正解率 65.91%]

(**3**) は，テキストの内容に合致する選択肢を選ぶ問題です。選択肢 **1** は「シャンツェ教授はシンポジウムに参加する」という意味です。タカハシさんは第 1 段落の第 2 文で，「私がシンポジウムに参加するため，今年の夏ドイツにいる予定だからです」と述べているので，シンポジウムに参加するのはタハカシさん自身

です。したがって，選択肢 **1** は不正解です。選択肢 **2** は「タカハシさんは教授を一人で訪問したい」という意味です。第 2 段落の第 2 文で「この機会に教授に家族をぜひ紹介できればと思っています」と述べているので，訪問する際には家族を連れていきたいと思っていることがわかります。したがって，選択肢 **2** は不正解です。選択肢 **3** は「タカハシ一家は約 3 週間ドイツに滞在する」という意味です。第 2 段落の第 3 文で，「私たちは 8 月 4 日から 25 日までドイツにいるつもりです」と述べています。この期間はのべ 22 日なので約 3 週間です。したがって，選択肢 **3** は正解です。［正解率 81.22%］　選択肢 **4** は「タカハシさんはボンに 15 日間滞在する」という意味です。第 2 段落の第 3 文の後半で「まず 12 日間，つまり 8 月 15 日までボンにいるつもりです」と述べています。したがって，選択肢 **4** は不正解です。選択肢 **5** は「タカハシさんはシャンツェ教授に自分の本をプレゼントしたい」という意味です。第 3 段落の第 3 文と第 4 文で「昨年出版した私の本を持参します。ぜひお渡ししたいと存じます」と述べています。したがって，選択肢 **5** は正解です。［正解率 69.38%］

◇この問題は 12 点満点（配点 3 点×4）で，平均点は 7.41 点でした。

6 ここがポイント！

＊電子メール・手紙の形式に（書き出し，結び，呼びかけなどの定形表現や，件名，日付などの項目を含め）慣れておこう。
＊「いつ・どこで・誰が・何を・誰に」という情報を正確に整理できるようにしよう！

7 会話文理解

正 解　**(a) 4　(b) 1　(c) 5　(d) 3　(e) 7**

空欄に適切な表現を補い，会話を完成させる問題です。選択肢に挙げられている各文章の意味を正しく理解するだけでなく，空欄ごとに前後の会話の流れを把握し，適切な表現を選ぶ必要があります。まずは会話の内容と選択肢を確認しましょう。

内容：
ニルス：　やあ，サヤカ。夏休みはどうだった？
サヤカ：　よかったよ！　9 月にウィーンへ行ったの。

ニルス： それは素敵だね。(**a**)
サヤカ： そこでドイツ語コースに参加したんだ。
ニルス： (**b**)
サヤカ： 3週間そこに滞在したの。月曜日から金曜日まで，午前中だけではなく，午後も授業があったんだ。先生も受講生たちもみんなとても親切だった。そのコースはとても楽しかったよ。
ニルス： (**c**)
サヤカ： うん。よくコンサートに行ったよ。オペラも二つ見たの。それらの作品はとても素晴らしかった！
ニルス： (**d**)
サヤカ： ええ，もちろん！ 週末には他のクラスメートと一緒にハイキングに行った。ウィーン近郊には美しい自然がたくさんあるんだ。それに，私たちはいつもお天気に恵まれていたの。とても気に入ったよ。
ニルス： 他の都市も訪れたの？
サヤカ： うん。(**e**) そこでモーツァルトの生まれた家を見学したよ。またあそこへ行きたいな！

1 それで，ウィーンにどのくらい長くいたの？
2 ケーキを一切れ私にくれる？
3 ウィーンの森にも行った？
4 ウィーンで何をしたの？
5 晩にはよく外出したの？
6 日本でドイツ語を勉強するつもり？
7 週末に，ザルツブルクへ行ったことがあるよ。
8 オーストリアの他の都市を私は知らない。

会話の主題は，サヤカの夏休みの出来事です。

(**a**) サヤカは問題文2行目で，9月にウィーンへ行ったと話しています。それに対してニルスが (**a**) と尋ねています。サヤカはニルスの質問に対して「そこでドイツ語コースに参加したんだ」と回答しています。ウィーンで何をしたかが問われていると推測できるので，正解は選択肢 **4** の「ウィーンで何をしたの？」です。[正解率 88.82%]

(**b**) サヤカが夏休みにウィーンで語学学校に通ったことがわかり，その次にニルスが (**b**) の質問を発しています。それに対するサヤカの答えは，「3週間そこに滞在した」です。したがって，(**b**) ではウィーンでの滞在期間が尋ねられています。正解は選択肢 **1** の「それで，ウィーンにどのくらい長くいたの？」です。[正解率 92.07%]

(**c**) サヤカが語学学校の授業のことを話した後に，ニルスが (**c**) と発言しています。その後サヤカは Ja. (はい) と肯定的な返答をした上で，「よくコンサートに行った」と伝えています。このことから，(**c**) では，語学学校の授業後のことに話題が転換されたと考えられます。正解は選択肢 **5** の「晩にはよく外出したの？」が最も適切です。[正解率 85.67%]

(**d**) ニルスが (**d**) と発言した後で，サヤカは「ええ，もちろん！ 週末には他のクラスメートと一緒にハイキングに行った」と発言しています。この文脈から，(**d**) には週末の活動に関する情報が入ると予想されます。正解は，選択肢 **3** の「ウィーンの森にも行った？」です。会話の話題がウィーンで，ハイキングというキーワードから，「ウィーンの森」を推測することもできます。[正解率 70.14%]

(**e**) ニルスの発言「他の都市も訪れたの？」の後に，サヤカは「うん」と肯定した上で，(**e**) が続きます。その後には「そこでモーツァルトの生まれた家を見学した」と発言します。このことから，(**e**) に入る文は，選択肢 **7**「週末に，ザルツブルクへ行った」が最も適切であると考えられます。ザルツブルクがモーツァルトの生誕地であることが知識としてあれば，解答の助けになります。選択肢 **8**「オーストリアの他の都市を私は知らない」を選んだ解答が 16.83% ありましたが，問題の文脈に合致しません。[正解率 82.08%]

◇この問題は 15 点満点 (配点 3 点×5) で，平均点は 12.56 点でした。

7 ここがポイント！

＊会話全体の状況を始めにしっかり把握しよう！
＊問題箇所の発言と，その前後の発言との文脈を確認して適切な文を探そう！
＊会話の話題になっている文化的な知識が解答のヒントになることもあります。言語学習の背景となる文化的な事柄の学習にも積極的に取り組もう！

8 テキスト理解

正 解　**3**，**4**，**7**，**8** (順不同)

一定の長さのまとまったテキストを読み，内容を正しく理解できるかどうかを問う問題です。テキストはオンライン版《Schweizer Radio und Fernsehen》の記事 „Sie parlent beide langues“（2020 年 2 月 20 日付，2022 年 3 月閲覧）を試験用にアレンジしたものです。

内容：

昨年夏，ベルン市はいわゆる「バイリンガルクラス」を開始した。幼稚園の 1 年目と 2 年目の 24 名の子どもたちがドイツ語とフランス語の両言語で授業を受けている。子どもたちの 3 分の 1 がドイツ語を，3 分の 1 がフランス語を母語として話し，3 分の 1 はすでに 2 言語話者である。彼らは授業中，ときにはドイツ語，ときにはフランス語のどちらかをそのときの都合に合わせて，または最初に思いついた言語を話す。子どもたちは比較的すぐに容易に 2 言語を使用することに慣れる。

2 年前，ベルンで 2 言語クラスが許可されたとき，親たちの関心は非常に高かった。115 名の子どもたちの申し込みがあった。翌年度は 86 名といくらか少なかった。しかし関心は引き続き高いと言って差し支えないだろう。

関心の高さにもかかわらず，ベルン市はさしあたり，これ以上の 2 言語クラスを開設しない予定だ。市の言い分では，学校が自ら主導的になって，新しいクラスを創設すべきであるということである。しかし今のところまだそのような問い合わせはない。昨年夏にスタートしたバイリンガルクラスはしかし継続される，少なくとも第 6 学年までは。

参加している子どもたちは市のさまざまな地域から来ている。彼らは自転車で両親に幼稚園に送ってもらうか，公共交通機関を利用している。

【語彙】 sowohl ..., als auch ...：～も，…も　ein Drittel：3 分の 1　muttersprachlich：母語の　zweisprachig：2 言語を話す　passen：都合がよい　ein|fallen：思いつく　sich[4] an et[4] gewöhnen：～に慣れる　an|melden：申し込む　erst einmal：まずは，さしあたり　schaffen：創設する，作り出す　im Moment：目下のところ　Anfrage：問い合わせ　weiter|führen：続行する　teil|nehmen：参加する　verschieden：さまざまな　benutzen：利用する　öffentliche Verkehrsmittel: 公共交通機関

選択肢 **1** は，テキストの第 1 段落で，「第 1 および第 2 幼稚園年の 24 名の子どもたちがドイツ語でも，フランス語でも，授業を受けている」と述べられていますので，バイリンガルクラスにいる園児は 24 名であるとわかります。また第 2

段落では，「115 名の子どもたちの申し込みがあった」と述べられていますので，バイリンガルクラスへの参加は希望者のみであり，さらにその中から 24 名の園児が何らかの方法で選抜されたと考えられます。いずれにしても，ベルン市のすべての幼稚園児がバイリンガルクラスに参加した訳ではないので，選択肢 **1** はテキストの内容と合致しません。したがって選択肢 **1** は不正解です。選択肢 **2** は，第 1 段落で，一つの授業の中で「そのときの都合に合わせて，または最初に思いついた言語を話す」と述べられているので，選択肢 **2** はテキストの内容に合致しません。したがって選択肢 **2** は不正解です。選択肢 **3** は，第 1 段落の「3 分の 1 はすでに 2 言語話者である」という内容と合致します。したがって選択肢 **3** は正解です。［正解率 80.13.%］ 選択肢 **4** は，第 1 段落の「子どもたちは比較的すぐに容易に 2 言語を使用することに慣れる」という内容と合致します。したがって選択肢 **4** は正解です。［正解率 90.88%］ 選択肢 **5** は，選択肢 **1** の解説でも触れたように，バイリンガルクラスに対して 115 名から申し込みがありましたが，実際にバイリンガルクラスに入った人数は 24 名なのですから，申し込んだ全員がバイリンガルクラスに入ったわけではありません。したがって選択肢 **5** はテキストの内容と合致しないので不正解です。選択肢 **6** は，第 2 段落の「2 年前，ベルンで 2 言語クラスが許可されたとき，親たちの関心は非常に高かった」という内容に合致しません。したがって選択肢 **6** は不正解です。選択肢 **7** は，第 3 段落の「ベルン市はさしあたり，これ以上の 2 言語クラスを開設しない予定だ」という内容に合致します。したがって選択肢 **7** は正解です。［正解率 64.93%］ 選択肢 **8** は，第 4 段落の「参加している子どもたちは市のさまざまな地域から来ている」という内容に合致します。したがって選択肢 **8** は正解です。［正解率 90.45%］

◇この問題は 12 点満点（配点 3 点×4）で，平均点は 9.79 点でした。

8 ここがポイント！

＊知らない単語が含まれている文であっても，前後の文や話の流れの中から類推できることが多い。「いつ」「どこで」「何が」「どうした」など，情報をしっかりつかんで読み解いていこう！

＊語られている内容が現在のことなのか，過去のことなのか，未来の予定なのか，時制に注意しながら，テキストの流れをしっかりつかもう！

＊時事的な話題や，地理や歴史に関する知識が，テキストを読み解く上で大きな助けとなることがある。普段からさまざまな情報を収集し，有効に活用しよう！

【聞き取り試験】

第1部 会話の重要情報の聞き取り

正解 **(1) 4**　**(2) 2**　**(3) 1**

放送された会話を聞き，質問に対する答えとして最も適切な選択肢を選ぶ問題です。質問と選択肢は「解答の手引き」に記載されています。質問に関わる内容を正しく聞き取る力が求められます。

放送　問題**1**

A: Praxis Doktor Lehmann, guten Tag.

B: Guten Tag. Hier spricht Anton Westhagen. Ich brauche einen Termin. Kann ich am Montag um 10 Uhr kommen?

A: Das geht leider nicht. Am Montag ist die Praxis geschlossen. Haben Sie vielleicht am Dienstagvormittag Zeit?

B: Ja, dann kann ich um 11 Uhr kommen.

A: In Ordnung, Herr Westhagen. Dann bis Dienstag um 11 Uhr.

B: Danke. Auf Wiederhören.

内容:

A: レーマン医師の診療所です。こんにちは。

B: こんにちは。こちらはアントン・ヴェストハーゲンです。予約をお願いしたいのですが，月曜日の10時に伺えますか？

A: 残念ですが無理です。月曜日に当院は休診となります。火曜日の午前中のご都合はいかがでしょうか？

B: はい，それなら11時に伺うことができます。

A: それは何よりです，ヴェストハーゲンさん。では火曜日の11時にお願いします。

B: ありがとうございます。では，また。

質問文: Wann ist der Termin von Herrn Westhagen?

質問文は「ヴェストハーゲンさんの予約はいつですか？」という意味です。会話は，診療所の受付担当者（話者**A**）とヴェストハーゲンさん（話者**B**）のやりとりです。選択肢**1**は「月曜日の10時」，選択肢**2**は「月曜日の11時」，選択肢**3**

は「火曜日の 10 時」，選択肢 **4** は「火曜日の 11 時」です。会話の後半で，ヴェストハーゲンさんは火曜日なら 11 時に行かれると答えています。正解は選択肢 **4** です。［正解率 91.86%］

放送 問題 **2**

A: Guten Tag, Herr Wagner! Letzte Woche habe ich Sie nicht gesehen. Waren Sie im Urlaub?

B: Guten Tag, Frau Schumann. Nein, ich war nicht im Urlaub. Mein Sohn hat in London geheiratet. Deswegen war ich am Wochenende in England. Danach bin ich mit meiner Frau noch für ein paar Tage dort geblieben.

A: Oh, herzlichen Glückwunsch!

B: Danke schön.

内容：

A: こんにちは，ヴァーグナーさん！ 先週はお見えではありませんでしたね。休暇旅行にいらしたのですか？

B: こんにちは，シューマンさん。いいえ，休暇ではありません。私の息子がロンドンで結婚式を挙げましてね。ですから週末にイギリスに行っていました。その後は妻と一緒に数日そこに滞在していました。

A: おめでとうございます！

B: ありがとうございます。

質問文: Warum war Herr Wagner letzte Woche in England?

質問文は「なぜヴァーグナーさんは，先週イギリスにいたのですか？」という意味です。選択肢 **1** は「彼は友達のところにいた」，選択肢 **2** は「彼は結婚式に出席した」，選択肢 **3** は「彼は結婚した」，選択肢 **4** は「彼は仕事をした」という意味です。会話では，結婚式のことが話題になっていましたが，話者 **B**（ヴァーグナーさん）の発言から，息子が結婚したので，ヴァーグナーさんは式に出席したことがわかります。正解は選択肢 **2** です。選択肢 **3**「彼は結婚した」を選んだ解答が 34.42% ありました。［正解率 53.75%］

放送 問題 **3**

A: Ute, was machst du denn so am Wochenende?

B: Am Wochenende gehe ich auf den Flohmarkt im Volkspark. Und du? Willst du wieder ins Stadion gehen und dir ein Fußballspiel ansehen?

A: Ja, genau. Leipzig spielt gegen Dortmund. Das wird sicher ein tolles Spiel! Ich bin schon ganz gespannt!

B: Na dann, viel Spaß und schönes Wochenende!

内容:

A: ウーテ，週末に何をするの？

B: 週末にはフォルクスパークの蚤の市に行く予定なの。あなたは？ またスタジアムへ行ってサッカーの試合を見るつもり？

A: その通り。ライプツィヒがドルトムントと対戦するんだ。きっといい試合になるに違いない！ 今からもう楽しみなんだ。

B: それじゃあ，楽しんでよい週末を過ごしてね。

質問文: Was macht Ute am Wochenende?

質問文は「ウーテは週末に何をしますか?」という意味です。選択肢 **1** は「蚤の市へ行く」，選択肢 **2** は「サッカースタジアムへ行く」，選択肢 **3** は「公園で遊ぶ」，選択肢 **4** は「ドルトムントへ行く」です。週末の予定を尋ねた話者 **A** に対し，話者 **B** であるウーテは，蚤の市へ行くと伝えています。正解は選択肢 **1** です。なお，選択肢 **2** を選んだ解答が 10.97% ありました。サッカースタジアムへ行くのは，ウーテではなく，会話の相手である話者 **A** ですので，選択肢 **2** は解答にふさわしくありません。[正解率 78.39%]

◇第 1 部は 12 点満点 (配点 4 点×3) で，平均点は 8.97 点でした。

第 1 部 ここがポイント！

* 「解答の手引き」に記されている解答の選択肢によく目を通して，会話の場面をイメージしよう！
* 曜日や時間などの重要な情報は注意深く聞き取ろう！
* 重要な情報について，どちらの話者の発言なのかをよく聞き分けよう！

第 2 部 テキスト内容の理解

正解 (4) **1** (5) **2** (6) **1**

放送されたテキストと質問を聞き，その答えとして最も適した絵を選ぶ問題です。イラストに描かれている情報を手がかりに，テキスト全体のうち質問に関連する情報を正しくとらえることが求められます。

放 送　問題 **4**

Der Frühling ist da. Bis Mittwoch bleibt es warm und sonnig. In einigen Regionen kann es bis zu 18 Grad warm werden. Aber ab Donnerstag dürfen Sie den Regenschirm nicht vergessen. Besonders am Abend kommt starker Wind zum Regen hinzu.

内容:

春が来ています。水曜日までは暖かく晴れるでしょう。いくつかの地方では18度まで暖かくなるかもしれません。しかし木曜日からは傘を忘れてはいけません。特に夜になると雨に強い風が加わります。

質問文:　Wie ist das Wetter am Donnerstag?

質問文は「木曜日の天気はどうですか?」という意味です。選択肢 **1** では雨，選択肢 **2** ではくもり，選択肢 **3** では晴れのマークが描かれています。放送されたテキストでは，水曜日までは暖かく晴れるという予報があり，それに続き，Aber ab Donnerstag dürfen Sie den Regenschirm nicht vergessen.（しかし木曜日からは傘を忘れてはいけません）と述べられています。したがって正解は，傘が開かれ雨が降っている様子が描かれた選択肢 **1** です。［正解率 83.60%］

放 送　問題 **5**

Auf dem Foto siehst du meine Familie. Auf dem Sofa sitzen meine Großeltern. Mein Bruder und ich spielen zusammen Klavier. Meine Mutter steht neben meinen Großeltern mit unserer Katze im Arm. Meinen Vater siehst du hier nicht, weil er das Foto macht.

内容:

その写真には私の家族が見られます。ソファには私の祖父母が座っています。弟（または兄）と私は一緒にピアノを弾いています。私の母は祖父母の隣に立って，猫を腕に抱いています。父はここで見ることができません。彼が写真を撮っているからです。

質問文　Was macht der Bruder auf dem Foto?

質問文は「弟（または兄）は写真で，何をしていますか?」という意味です。選択肢 **1** はソファでくつろいでいる様子，選択肢 **2** はピアノを弾いている様子，選択肢 **3** は猫を腕に抱いている様子が描かれています。放送では Mein Bruder und ich spielen zusammen Klavier.（弟（または兄）と私は一緒にピアノを弾いてい

ます）と述べられています。したがって，正解は選択肢 **2** です。［正解率 88.93%］

放送 問題 **6**

Guten Tag, ich heiße Julia. Ich komme aus Hannover. Ich habe in Hannover Medizin studiert und arbeite jetzt als Ärztin in einer Klinik in Köln. Am Wochenende backe ich gern Brot oder Kuchen. Ich wohne mit meinem Freund zusammen und wir gehen sonntags oft spazieren.

内容：

こんにちは，私はユリアといいます。私はハノーファー出身です。ハノーファーでは医学を専攻し，現在はケルンのクリニックで医師として働いています。週末にはパンやケーキを焼くのが好きです。恋人と一緒に暮らしていて，私たちは日曜日にはよく散歩にいきます。

質問文 Was ist Julia von Beruf?

質問文は「ユリアの職業は何ですか？」という意味です。選択肢 **1** は医師，選択肢 **2** はパン屋，選択肢 **3** は教師が描かれています。放送では Ich habe in Hannover Medizin studiert und arbeite jetzt als Ärztin in einer Klinik in Köln.（ハノーファーでは医学を専攻し，現在はケルンのクリニックで医師として働いています）と述べられています。したがって正解は選択肢 **1** です。選択肢 **2** を選んだ解答が 13.90% ありましたが，パンは週末に趣味として焼いているようです。［正解率 78.18%］

◇この問題は 9 点満点（配点 3 点×3）で，平均点は 7.53 点でした。

第 2 部 ここがポイント！

＊聞き取る際，イラストなどの視覚情報がある場合はそれを活用しよう！

＊話の流れを追った上で，何が問われているか，質問文をよく聞き取ろう！

＊場所や時間に関連する表現や，数詞などは正確に聞き取ろう！

第 3 部 やや長い会話文の聞き取りと記述

正解 **(7) Wohnung (8) Bahnhof (9) 19 (10) 11**

放送された会話と質問を聞き，解答用紙の空欄に適切な語または数字を記入することにより，答えを完成させる問題です。問題 **(7)** **(8)** では会話に出てくるキーワードを，問題 (**9**) (**10**) では数詞を聞き取ります。「解答の手引き」および解答用紙に記載されている表現を確認した上で補うべき情報を正しく聞き取る力が求められます。放送された会話は，学校時代からの友人であるミヒャエル (男性) とビルギット (女性) との間で交わされています。

放送

A: Hallo Birgit! Hast du heute Abend schon etwas vor?

B: Nein, und du, Michael?

A: Ich gehe auf eine Party.

B: Was für eine Party?

A: Du kennst sicher Marco Lindner. Wir waren in der gleichen Klasse in der Schule. Er hat eine neue Wohnung. Deshalb macht er eine Party. Kommst du mit?

B: Ich weiß nicht. Wer kommt denn noch zur Party?

A: Ich weiß es auch nicht, aber Barbara und Jens kommen auf jeden Fall.

B: Oh, toll! Dann komme ich auch. Wann und wo treffen wir uns?

A: Wie wäre es um 19 Uhr vor dem Bahnhof?

B: Ich muss vorher noch einkaufen. Geht es auch eine halbe Stunde später?

A: Das ist kein Problem. Die Leute kommen sowieso immer etwas später. Dann treffen wir uns um 19:30 Uhr vor dem Bahnhof.

B: Danke! Ich freue mich schon auf die Party! Ich bringe eine Flasche Wein mit.

A: Alles klar. Wir fahren dann mit dem Bus. Die Buslinie 11 fährt direkt bis zu Marcos Wohnung.

B: Super! Bis später.

内容:

A: やあ，ビルギット！ 今晩はもう何か予定ある？

B: ないわよ。あなたは，ミヒャエル？

A: パーティーに行くんだ。

B: どんなパーティー？

A: マルコ・リントナーのことは知っているよね？ 学校で同じクラスだった。彼が新しい住まいを手に入れたんだ。それでパーティーを開くんだよ。一緒に行かない？

B: どうしようかな。他には誰がパーティーに来るの？

A: ぼくもわからないんだ。でも，バーバラとイェンスは必ず来るよ。

B: わあ，いいね！ それなら私も行くわ。いつどこで待ち合わせる？

A: 19 時に駅前でどう？

B: その前に買い物をしなければならないの。30 分遅らせても大丈夫かしら？

A: 問題ないよ。みんなどっちみち少し遅れてやって来るから。では，19 時 30 分に駅前で待ち合わせよう。

B: ありがとう！ パーティーが楽しみだわ！ 私はワインを 1 本持っていくことにする。

A: 了解。では，バスで行くことにしよう。11 番バスはマルコの住んでいるところまで直接行くんだ。

B: いいね！ じゃあ，また後で。

放 送 問題 **7**

質問文: Warum macht Marco eine Party?

問題文: Er hat eine neue ________.

質問文は「マルコがパーティーを開く理由は？」，問題文は「彼は新しい ________ を手に入れた」という意味です。第 3 発言でミヒャエル (**A**) はマルコについて Er hat eine neue Wohnung. Deshalb macht er eine Party.（彼は新しい住まいを手に入れたんだ。それでパーティーを開くんだよ）と答えています。ここからマルコが新居に引っ越したことがパーティー開催の理由であることがわかります。したがって，正解は **Wohnung** です。なお，解答には Whonung のようなつづりの間違いの他，Krass という解答も多くみられました。これはかつて同級生だった (in der gleichen Klasse) ことがパーティー開催の理由と判断した解答と推測できます。[正解率 41.58%]

放 送 問題 **8**

質問文: Wo treffen sich Birgit und Michael?

問題文: Sie treffen sich vor dem ________.

質問文は「ビルギットとミヒャエルはどこで待ち合わせますか？」，問題文は「彼らは ________ の前で待ち合わせます」という意味です。ミヒャエル (**A**) は会話の中で Dann treffen wir uns um 19:30 Uhr vor dem Bahnhof.（では，19 時 30 分に駅前で待ち合わせよう）と述べています。したがって，正解は **Bahnhof** です。なお，解答には Bahnholf や Bahnhoff，Barnhof などのつづりの間

違いが多く見られました。［正解率 41.58%］

放送 問題 **9**

質問文: Um wie viel Uhr treffen sich Birgit und Michael?

問題文: Sie treffen sich um □□ : 30 Uhr.

質問文は「ビルギットとミヒャエルは何時に待ち合わせますか?」, 問題文は「彼らは □□ 時 30 分に待ち合わせます」という意味です。会話の中で, 始めは 19 時ちょうどに待ち合わせる話が出ますが, ビルギット (**B**) が買い物のため待ち合わせを 30 分遅らせてほしいとお願いします。それを受けてミヒャエル (**A**) が Dann treffen wir uns um 19:30 Uhr vor dem Bahnhof. (では, 19 時 30 分に駅前で待ち合わせよう) と言います。したがって, 正解は **19** です。［正解率 83.60%］

放送 問題 **10**

質問文: Welchen Bus benutzen sie?

問題文: Sie fahren mit der Buslinie □□.

質問文は「彼らはどのバスを利用しますか?」, 問題文は「彼らは □□ 番バスに乗って行きます」という意味です。会話の中で, ミヒャエルは Die Buslinie 11 fährt direkt bis zu Marcos Wohnung. (11 番バスはマルコの住んでいるところまで直接行くんだ) と述べています。解答欄にはこの 2 桁の算用数字を入れるのが適切です。したがって, 正解は **11** です。［正解率 87.40%］

◇この問題は 16 点満点 (配点 4 点×4) で, 平均点は 10.17 点でした。

第3部 ここがポイント!

＊数は正確に聞き取ろう!

＊基本語彙は正確につづることができるよう普段から意識してしっかり覚えよう!

2023年度 冬期 ドイツ語技能検定試験

3 級

筆記試験　問題

（試験時間　60 分）

出題は新しい正書法（単語のつづり方などに関する規則）に従います。解答は新旧いずれの方式でも認めます。

――注　意――

■受験票と机の上の受験番号が同じであることを確認してください。

■携帯電話，スマートフォン，スマートウォッチ等の電子機器類は電源を切り，カバン等にしまってください。机の上に置いてはいけません。

■中途退場は認めません。退場は試験放棄となります。

①問題冊子は試験開始の合図があるまで，開いてはいけません。

②問題冊子は表紙・裏表紙を含めて8ページあります。
余白は下書き・メモ用に使ってかまいません。

③試験監督者の指示に従って，解答用紙の所定の欄に，受験番号・氏名を記入してください。

④解答は黒のHB以上の鉛筆で強めに記入してください。
書き直す場合には，消しゴムできれいに消してから記入してください。

⑤**解答はすべて解答用紙の指定された箇所に記入してください。**

⑥記入する数字は，下記の見本に従って書いてください。

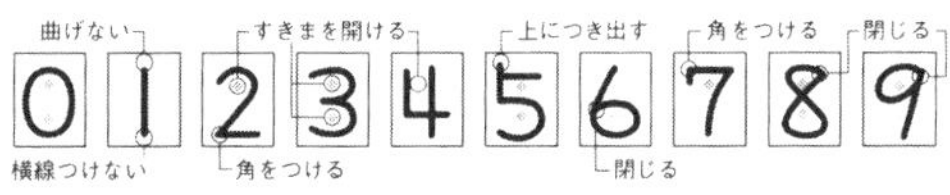

■試験が終わっても，指示があるまで席を立たないでください。

■解答用紙は持ち帰ってはいけません。

■この問題冊子の無断転載，無断複製を禁じます。

1 次の (1) ～ (4) の条件にあてはまるものが各組に一つあります。それを下の 1 ～ 4 から選び，その番号を解答欄に記入しなさい。

(1) 下線部の発音が他と異なる。
1 Abbau　2 außerhalb　3 Oberfläche　4 Staubsauger

(2) 下線部にアクセント（強勢）がある。
1 Familie　2 Jahrhundert　3 Kaninchen　4 Mannschaft

(3) 下線部が長く発音される。
1 Besteck　2 Chemiker　3 Decke　4 Menge

(4) 問い **A** に対する答え **B** の下線の語のうち，通常最も強調して発音される。
A: Anna, möchtest du noch eine Tasse Tee?
B: Ja, eine nehme ich noch.

1 eine　2 nehme　3 ich　4 noch

2 次の (1) ～ (4) の文で（　）の中に入れるのに最も適切なものを，下の 1 ～ 4 から選び，その番号を解答欄に記入しなさい。

(1) Ob wir morgen einen Ausflug machen, hängt (　　) Wetter ab.
1 am　2 im　3 vom　4 zum

(2) (　　) des Staus kam Herr Friedrich zu spät zur Arbeit.
1 Außerhalb　2 Statt　3 Trotz　4 Wegen

(3) Ich danke dir ganz herzlich (　　) deine Hilfe.
1 bis　2 durch　3 für　4 gegen

(4) Mein Sohn erinnert sich noch gut (　　) seine Schulzeit in der Schweiz.
1 an　2 auf　3 in　4 unter

3

次の **(1)** ～ **(4)** の文で（　　）の中に入れるのに最も適切なものを，下の **1** ～ **4** から選び，その番号を解答欄に記入しなさい。

(1) Frau Schulz hört ihre Tochter gern (　　).

1 gesungen　　**2** singen　　**3** singt　　**4** zu singen

(2) Der Unfall (　　) gerade vor meinen Augen passiert.

1 hat　　**2** ist　　**3** kann　　**4** wird

(3) Heute (　　) du nicht in den Supermarkt zu gehen. Der Kühlschrank ist voll mit Lebensmitteln.

1 bist　　**2** brauchst　　**3** musst　　**4** wirst

(4) (　　) Sie bitte das Fenster dort öffnen?

1 Haben　　**2** Hatten　　**3** Wären　　**4** Würden

4

次の **(1)** ～ **(4)** の文で（　　）の中に入れるのに最も適切なものを，下の **1** ～ **4** から選び，その番号を解答欄に記入しなさい。

(1) Kennst du den Film? – Ja, den habe ich (　　) im Kino angesehen.

1 ihn　　**2** mich　　**3** mir　　**4** sich

(2) Wenn man (　　) Wörter im Wörterbuch nachschlagen muss, macht das Lesen keine Freude.

1 viele　　**2** vielen　　**3** vieler　　**4** vieles

(3) (　　) ich ein Kind war, gab es samstags noch Unterricht.

1 Als　　**2** Bevor　　**3** Nachdem　　**4** Wenn

(4) Gute Nachbarn sind nützlicher als Verwandte, (　　) weit weg wohnen.

1 denen　　**2** der　　**3** die　　**4** wer

5

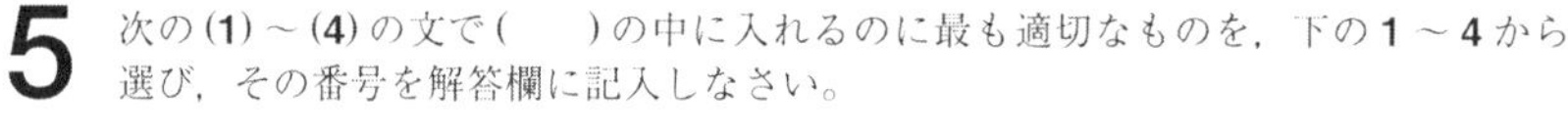
次の(1)～(4)の文で(　　)の中に入れるのに最も適切なものを，下の1～4から選び，その番号を解答欄に記入しなさい。

(1) Hast du mein Smartphone gesehen? – Nein. Hast du es (　　)?
1 verboten　**2** verlassen　**3** verloren　**4** verstanden

(2) Ich brauche einige Informationen, (　　) möchte ich Sie etwas fragen.
1 denn　**2** deshalb　**3** dessen　**4** desto

(3) Der Reisepass ist noch mindestens sechs Monate lang (　　).
1 fertig　**2** gültig　**3** regelmäßig　**4** volljährig

(4) Wann werden die Züge wieder fahren? – Tut mir leid, zurzeit können wir Ihnen darüber keine (　　) geben.
1 Ankunft　**2** Auskunft　**3** Herkunft　**4** Zukunft

6

次の文章は，日本に留学中のLisaが友人のアスカに送ったメールです。このメールを読んで，(1)～(3)の問いに答えなさい。

Hallo Asuka,

gutes neues Jahr! Danke nochmal, dass du mich zu euch eingeladen hast! Das war wirklich nett.

Mit dieser Mail schicke ich dir die Verbesserung deines deutschen Aufsatzes. Ich hoffe, sie ist so in Ordnung. Das war (　**A**　) nicht einfach für mich zu verbessern, (B)<u>weil der Inhalt sehr schwierig war und ich davon wenig Ahnung habe.</u> Im Großen und Ganzen war es aber sehr gut geschrieben. Ich habe nur ein paar Kleinigkeiten verbessert.

Ich schicke dir auch später meinen letzten Aufsatz, den ich auf Japanisch schreiben musste. Ich weiß, du musst wahrscheinlich noch einiges für deine Arbeit erledigen, aber wenn du Zeit hast, würde ich mich sehr über eine Verbesserung freuen. Ich brauche sie bis zum 15. Januar. Vielen Dank im Voraus!

Liebe Grüße
Lisa

(1)　空欄（ A ）に入れるのに最も適切なものを，下の **1** ～ **4** から選び，その番号を解答欄に記入しなさい。

1 glücklicherweise　　**2** kürzlich
3 neulich　　**4** teilweise

(2)　下線部 (B) を言い換えた時に最も近い意味になるものを，下の **1** ～ **3** から選び，その番号を解答欄に記入しなさい。

1 weil der Inhalt sehr schwierig war und ich darüber nicht viel weiß.
2 weil der Inhalt sehr schwierig war und ich eine böse Ahnung habe.
3 weil der Inhalt so schwierig war, dass ich ihn überhaupt nicht verstehen konnte.

(3)　本文全体の内容に合うものを，下の **1** ～ **5** から二つ選び，その番号を解答欄に記入しなさい。ただし，番号の順序は問いません。

1 Lisa will mit Asuka zusammen Neujahr feiern.
2 Lisa wünscht Asuka gute Besserung.
3 Lisa findet den Aufsatz von Asuka schön geschrieben.
4 Lisa möchte, dass Asuka die Fehler ihres japanischen Aufsatzes verbessert.
5 Lisa schreibt nicht, bis wann sie die Verbesserung braucht.

7 以下は，大学構内での Anna と Max の会話です。会話が完成するように，空欄（ **a** ）～（ **e** ）に入れるのに最も適切なものを，下の **1** ～ **8** から選び，その番号を解答欄に記入しなさい。

Anna:	Hallo, Max!
Max:	Oh, Anna! Wie geht's? (**a**)
Anna:	Ja, leider. Ich hatte bis vorgestern 39 Grad Fieber, aber jetzt bin ich schon wieder gesund.
Max:	Das freut mich zu hören. Übrigens, hast du nächstes Wochenende Zeit? Ich plane mit Thomas und Sarah einen Ausflug. (**b**)
Anna:	Eigentlich gern. Aber letzte Woche war ich ja krank und nächste Woche werde ich wahrscheinlich viel jobben. Deshalb könnte ich am Wochenende schon kaputt sein. (**c**)
Max:	Wir fahren in die Umgebung, etwa 30 Minuten mit dem Zug.
Anna:	(**d**) Dann komme ich gern mit.
Max:	Super! Thomas und Sarah haben sich ja auch Sorgen um dich gemacht. Wenn du mitkommen kannst, freuen sie sich bestimmt.
Anna:	Hm, seit ein paar Tagen habe ich ihnen nicht geschrieben. (**e**)
Max:	Vielleicht wäre es besser, wenn wir uns alle gemeinsam über den Treffpunkt austauschen. Ich schreibe allen eine Mail und dann entscheiden wir gemeinsam.

1 Ach so, das ist vielleicht nicht so anstrengend.

2 Dann werde ich ihnen heute Abend eine Nachricht schicken.

3 Es kostet zu viel, mit dem Zug zu fahren.

4 Hättest du Lust, mitzukommen?

5 Ich habe gehört, dass du letzte Woche krank warst.

6 Mir geht es ganz gut.

7 Wo wollt ihr eigentlich hinfahren?

8 Wollen wir jetzt zusammen spazieren gehen?

8 ドイツの子どもの泳ぐ力に関する次の文章を読んで，内容に合うものを下の **1** ～ **8** から四つ選び，その番号を解答欄に記入しなさい。ただし，番号の順序は問いません。

Können Sie gut schwimmen? In Deutschland können immer mehr Kinder nicht schwimmen. Das zeigt eine Studie von der Deutschen Lebens-Rettungs-Gesellschaft (DLRG)*.

Die Zahl der Nichtschwimmer im Grundschulalter hat sich in den letzten fünf Jahren verdoppelt. 2017 lag der Anteil der Nichtschwimmer im Grundschulalter bei 10 %. Aber 2022 konnten rund 20 % der Kinder zwischen sechs und zehn Jahren nicht schwimmen.

Die DLRG meint jedoch, dass in Wirklichkeit insgesamt 6 von 10 Kindern (58 %) am Ende der Grundschulzeit noch nicht gut schwimmen können. Es gibt zwar den Anfängerkurs *Seepferdchen* für Kinder, aber viele Eltern wissen nicht, dass er für das Schwimmen nicht genug ist.

Ein Grund für die hohe Zahl von Nichtschwimmern war die Corona-Pandemie. Während der Pandemie waren die Bäder geschlossen und Kinder hatten keine Gelegenheit, schwimmen zu lernen.

Außerdem zeigt die Forschung, dass man Nichtschwimmer eher in ärmeren Familien findet. Die Hälfte der Kinder in Familien mit einem monatlichen Einkommen unter 2 500 EUR kann nicht schwimmen, während es in Familien mit einem Einkommen über 4 000 EUR nur 12 % sind.

„Wir müssen dahin kommen, dass jedes Kind am Ende der Grundschule sicher schwimmen kann", warnte die DLRG-Präsidentin. Schwimmen müsse man eben lernen wie Lesen und Schreiben, ist ihre feste Überzeugung.

*die Deutsche Lebens-Rettungs-Gesellschaft (DLRG): ドイツライフセービング協会

1 ドイツでは上手に泳げる子どもがますます増えている。
2 2017 年には基礎学校に通う年齢の子どものうち泳げないのは一割だった。
3 DLRG によれば，基礎学校修了時の子どもの約 6 割はまだ上手には泳げない。
4 多くの親は，子どもたちには Seepferdchen という水泳の初級コースで十分だと思っている。
5 新型コロナウィルスの流行下においても，子どもたちは泳ぐ機会を十分に得られた。
6 研究によれば，子どもが泳げるかどうかは月々の世帯収入と関係がない。
7 月々 4000 ユーロ以上の収入がある家庭の子どもの 9 割近くは泳ぐことができる。
8 DLRG は，子どもたちは読み書きを習う以上に，泳ぐことを学ぶべきだと考えている。

3級

2023年度 冬期 ドイツ語技能検定試験

筆記試験 解答用紙

受験番号	氏名

手書き数字見本

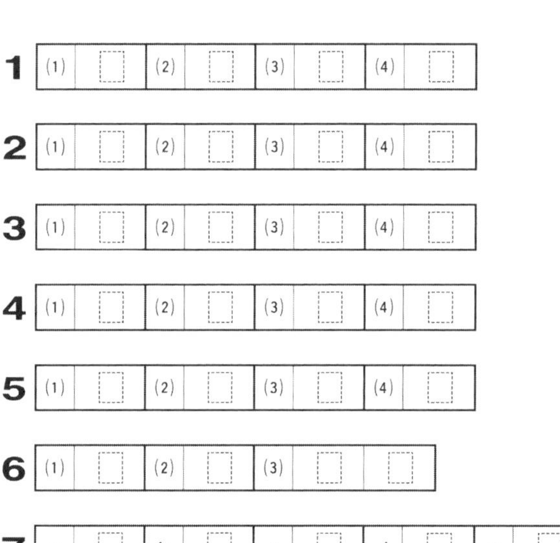

1	(1)		(2)		(3)		(4)			
2	(1)		(2)		(3)		(4)			
3	(1)		(2)		(3)		(4)			
4	(1)		(2)		(3)		(4)			
5	(1)		(2)		(3)		(4)			
6	(1)		(2)		(3)					
7	a		b		c		d		e	
8										

21

2023年度 冬期 ドイツ語技能検定試験
3 級
聞き取り試験　解答の手引き

（試験時間　約25分）

> **出題は新しい正書法（単語のつづり方などに関する規則）に従います。解答は新旧いずれの方式でも認めます。**

――注　意――

■受験票と机の上の受験番号が同じであることを確認してください。
■携帯電話，スマートフォン，スマートウォッチ等の電子機器類は電源を切り，カバン等にしまってください。机の上に置いてはいけません。
■中途退場は認めません。

①指示があるまでページを開いてはいけません。
②聞き取り試験は3部から成り立っています。
③試験監督者の指示に従って，解答用紙の所定の欄に，受験番号・氏名を記入してください。
④放送の指示でページを開き，解答のしかたをよく読んでください。
⑤解答は黒のHB以上の鉛筆で強めに記入してください。
書き直す場合には，消しゴムできれいに消してから記入してください。
⑥**解答はすべて試験時間内に解答用紙の指定された箇所に記入してください。**
⑦記入する数字は，下記の見本に従って書いてください。

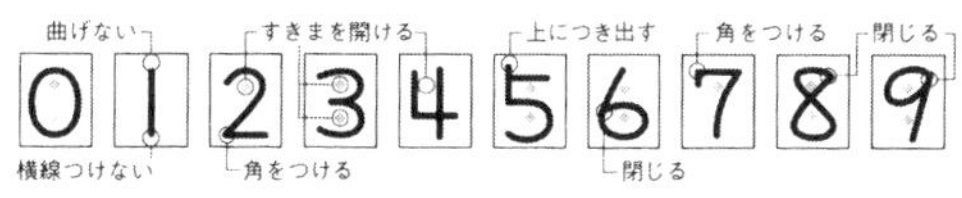

⑧アルファベットは大文字と小文字の判別ができるようにはっきりと書いてください。

■試験が終わっても，指示があるまで席を立たないでください。
■解答用紙は持ち帰ってはいけません。
■この問題冊子の無断転載，無断複製を禁じます。

22

第 1 部　Erster Teil

1. 第 1 部は問題 (**1**) から (**3**) まであります。
2. ドイツ語の短い会話を 2 回放送します。
3. 設問の答えとして最も適切なものを選択肢 **1** ～ **4** から選び，その番号を解答用紙の所定の欄に記入してください。
4. メモは自由にとってかまいません。

(**1**)　Wann fängt der Film an?

1 Um 14:00 Uhr.
2 Um 14:30 Uhr.
3 Um 15:00 Uhr.
4 Um 15:30 Uhr.

(**2**)　Was hat Jan in Kyoto gesehen?

1 Er hat mit seiner Familie nur einen Schrein gesehen.
2 Er hat mit seiner Familie einige Tempel und Schreine gesehen.
3 Er hat mit seiner Familie viele Tempel und Schreine gesehen.
4 Er hat mit seiner Familie keine Tempel gesehen.

(**3**)　Was ist das Thema von Julias Referat?

1 Das Thema ist Länderpolitik.
2 Das Thema ist Umweltpolitik.
3 Das Thema ist Weltpolitik.
4 Das Thema ist Wirtschaftspolitik.

23

第 2 部　Zweiter Teil

1. 第 2 部は，問題 (**4**) から (**6**) まであります。
2. まずドイツ語の文章を放送します。
3. 次に，内容についての質問を読みます。間隔を置いてもう一度放送します。
4. 質問に対する答えとして最も適した絵をそれぞれ **1** ～ **3** から選び，その番号を解答用紙の所定の欄に記入してください。
5. 以下，同じ要領で問題 (**6**) まで順次進みます。
6. 最後に，問題 (**4**) から (**6**) までの文章と質問をもう一度通して放送します。
7. メモは自由にとってかまいません。

1　　2　　3

24

第 3 部　Dritter Teil

1. 第 3 部は，問題 (7) から (10) まであります。
2. まずドイツ語の会話を放送します。それに続き，この会話の内容に関する質問 (7) から (10) を読みます。
3. そのあと，約 30 秒の間をおいてから，同じ会話をもう一度放送します。
4. 次に質問 (7) から (10) をもう一度読みます。
5. 質問に対する答えとして，(8)，(10) には適切な一語を，(7)，(9) には算用数字を解答用紙の所定の欄に記入してください。なお，単語は大文字と小文字をはっきり区別して書いてください。
6. メモは自由にとってかまいません。
7. 質問 (10) の放送のあと，およそ 1 分後に試験終了のアナウンスがあります。試験監督者が解答用紙を集め終わるまで席を離れないでください。

(7) Er schließt um □□:00 Uhr.
(8) Sie mag ____________.
(9) Es kostet □□ Euro.
(10) Sie findet die Tragetasche ____________.

3級

2023年度 冬期 ドイツ語技能検定試験

聞き取り試験 解答用紙

受験番号	氏名

手書き数字見本

曲げない　すきまを開ける　上につき出す　角をつける　閉じる

0 1 2 3 4 5 6 7 8 9

縦線つけない　角をつける　閉じる

【第 1 部】

(1)		(2)		(3)	

【第 2 部】

(4)		(5)		(6)	

【第 3 部】

(7) Er schließt um ☐☐ :00 Uhr.

(8) Sie mag ______________.

採点欄

(9) Es kostet ☐☐ Euro.

(10) Sie findet die Tragetasche ______________.

採点欄

冬期《3級》 ヒントと正解

【筆 記 試 験】

1 発音とアクセント

正 解 （1） 3　（2） 4　（3） 2　（4） 1

発音，アクセントの位置，母音の長短，文中で強調して発音される語に関する問題です。発音の基本的な規則についての知識や，簡単な会話内容を把握する能力が必要とされます。

（1） b の発音に関する問題です。選択肢 **1** の Ab·bau（解体，以下「·」で音節の区切れを示します），選択肢 **2** の au·ßer·halb（～の外に），選択肢 **4** の Staub·sau·ger（掃除機）では，b は語末または音節末にあり，[p] と発音されます。一方，選択肢 **3** の O·ber·flä·che（表面）の b は音節の頭にあり，語頭にある場合と同じ様に [b] と発音します。したがって，正解は選択肢 **3** です。［正解率 65.97%］

（2） 下線部の母音 a にアクセントがある単語を選ぶ問題です。選択肢 **1** の Fa·mi·lie（家族），選択肢 **2** の Jahr·hun·dert（世紀），選択肢 **3** の Ka·nin·chen（家うさぎ）は，それぞれ第 2 音節にアクセントがあります。その一方で，選択肢 **4** の Mann·schaft（チーム）は，第 1 音節の a にアクセントがあります。したがって，正解は選択肢 **4** です。［正解率 60.54%］

（3） 母音の長短に関する問題です。ここでは下線部の母音 e を長く発音する単語を選択します。選択肢 **2** の Che·mi·ker（化学者）は，第 1 音節 e にアクセントがあり，長く発音します。しかし，選択肢 **1** の Be·steck（カトラリー）は第 1 音節 e はアクセントなし，選択肢 **3** の De·cke（テーブルクロス），選択肢 **4** の Men·ge（大量）は第 1 音節 e にアクセントがあるものの，後に子音字が二つ以上続く母音は短母音という原則通り短く発音されます。したがって，正解は選択肢 **2** です。［正解率 53.28%］

（4） 文の中で強調して発音される語を問う問題です。**A** は「アンナ，紅茶もう一杯，欲しい？」と尋ねています。これに対して **B** は「はい，もう一杯（だけ）いただきます」と答えています。**A** の質問の eine Tasse Tee（一杯の紅茶）のまとまりが目的語であり，**B** の答えでは，それを略した形の eine が重要な情報として文頭の位置に置かれています。そのため，eine を強調するので，正解は選択肢 **1** です。［正解率 15.31%］

◇この問題は 12 点満点（3 点×4）で，平均点は 5.85 点でした。

1 ここがポイント！

＊語のアクセントの位置や母音の長短に関する原則をマスターしよう！

＊外来語の場合などアクセントの位置が原則と異なる場合についても，学習しておこう！

2 前置詞

正解　（**1**）**3**　（**2**）**4**　（**3**）**3**　（**4**）**1**

前置詞に関する問題です。前置詞は，時間や場所などさまざまな意味関係を表します。また，特定の動詞や形容詞との組み合わせで用いられる場合があります。そうした「動詞＋前置詞」，「形容詞＋前置詞」の組み合わせはひとまとまりの表現として覚えましょう。

（**1**）分離動詞 abhängen は前置詞 von と結びつき，von jm / et[3] abhängen 全体で「〜に左右される，依存する」という意味を表します。したがって，正解は前置詞 von と定冠詞 dem の融合形である選択肢 **3** の vom です。問題文は「明日ハイキングするかは天気次第である」という意味です。なお，選択肢 **1** の am を選択した解答が 27.30% ありました。動詞を abhängen ではなく，hängen と理解し，ここでは前置詞 an と共に，hängen an「〜に掛かっている」という用法が問われていると理解した可能性が考えられます。［正解率 42.87%］

（**2**）前置詞 wegen は，「〜のために」という意味を表します。したがって，正解は選択肢 **4** の Wegen です。問題文は「フリードリヒ氏は渋滞のために仕事に遅刻した」という意味です。なお，選択肢 **3** の Trotz を選んだ解答が 21.70%，選択肢 **2** の Statt を選んだ解答が 20.73% ありましたが，trotz は「〜にもかかわらず」，statt は「〜の代わりに」を意味するので，いずれも問題文にあてはめた場合，最も適切とは言えません。［正解率 46.63%］

(**3**) 動詞 danken は礼を言う「相手」を 3 格,「理由」を前置詞 für で表し, jm für et⁴ danken 全体で「～に…の礼を言う」という意味を表します。したがって, 正解は選択肢 **3** の für です。問題文は「あなたの助けに心から感謝申し上げます」という意味です。[正解率 91.08%]

(**4**) 再帰動詞 sich⁴ erinnern は前置詞 an と結びつき, sich⁴ an jn / et⁴ erinnern 全体で「～を覚えている」という意味を表します。したがって, 正解は選択肢 **1** の an です。問題文は「私の息子はスイスの学校時代のことをいまだによく覚えている」という意味です。なお, 選択肢 **2** の auf を選択した解答が 32.63% ありましたが, 再帰動詞 sich⁴ erinnern が auf と結びつく用法はありません。[正解率 52.06%]

◇この問題は 12 点満点 (配点 3 点×4) で, 平均点は 6.98 点でした。

2 ここがポイント！

* 前置詞の基本的な意味と格支配を覚えよう！
* 特定の動詞や形容詞と結びつく前置詞の用法は, まとまった表現として覚えよう！

3 動詞と助動詞（現在完了形・接続法第Ⅱ式・知覚動詞・zu 不定詞）

正 解　(**1**)　**2**　(**2**)　**2**　(**3**)　**2**　(**4**)　**4**

動詞や助動詞に関する問題です。時制や, 接続法・知覚動詞・zu 不定詞といったさまざまな用法における適切な動詞の形を選ぶ必要があります。

(**1**) 文末に入れる singen の形を問う問題です。定動詞 hört と組み合わせること, そして ihre Tochter という 4 格目的語があることに注目します。hören, sehen, fühlen など人間の知覚を表す動詞は, 4 格目的語と行為を表す別の動詞の不定詞を組み合わせて,「～が…するのを聞く, 見る, 感じる」ということを表します。4 格目的語が不定詞の意味上の主語となっているわけです。知覚動詞と組み合わせる不定詞には zu を付けない点に注意が必要です。正解は選択肢 **2** の singen で, 問題文は「シュルツさんは彼女の娘が歌うのを聴くのが好きだ」という意味です。[正解率 40.86%]

(**2**) 問題文に最もふさわしい定動詞を選ぶ問題です。まず passieren (起こる)

が過去分詞の形で文末に置かれていることに注目すると，問題文が受動態か完了形のどちらかであることが推測されます。問題文中には主語として Der Unfall (事故) があり，「事故が起こる」というつながりができるので，それを元にした文は受動態ではなく，完了形「事故が起こった」だと判断できます。passieren は sein 支配の動詞ですから，正解は選択肢 **2** の ist です。問題文は「その事故はちょうど私の目の前で起こった」という意味です。［正解率 32.81%］

(**3**) 問題文に最もふさわしい定動詞を選ぶ問題です。問題文末尾に zu gehen があることに注目します。選択肢の中で zu 不定詞と結びつくことができるのは選択肢 **1** の bist または選択肢 **2** の brauchst です。sein は zu 不定詞とともに「〜されうる／〜されなければならない」という文を作りますが，この文の主語は du なので意味が通りません。brauchen は否定の表現と zu 不定詞とともに用いて，「〜する必要はない」という文を作ります。問題文中には否定の nicht があることから，「今日きみはスーパーに行く必要はない」という意味だと考えるのが自然です。したがって，正解は選択肢 **2** の brauchst です。［正解率 48.21%］

(**4**) haben とその過去形である hatten は，文末が geöffnet であれば現在完了形あるいは過去完了形となりますが，不定詞の öffnen と用いても意味の通る表現になりません。wären は sein の接続法第Ⅱ式ですが，これも不定詞の öffnen とでは意味のある表現にはなりません。このように，選択肢 **1** から選択肢 **3** は正答から排除できます。werden の接続法第Ⅱ式の形である würde は，他の動詞の不定詞とともに用いて非現実の想定や丁寧な依頼を表現することができます。問題文は「そこの窓を開けてくれますか?」と依頼を丁寧に表現していると考えられるため，正解は選択肢 **4** の würden です。［正解率 47.16%］

◇この問題は 12 点満点 (配点 3 点×4) で，平均点は 5.07 点でした。

3 ここがポイント！

* 定動詞とペアになる要素の動詞がどのような用法 (完了・受動・使役・話法の助動詞など) で組み合わさっているのか見極めよう。そのためにも不定詞・過去形・過去分詞・zu 不定詞など動詞のさまざまな形をしっかり覚えておこう。
* 受動態の現在完了形など，複数の要素が組み合わさった場合のために，各用法の時制ごとの形についても確認しておこう。

4 格変化，疑問詞，接続詞

正 解　(1)　3　　(2)　1　　(3)　1　　(4)　3

代名詞などの格変化，それから接続詞などに関する問題です。

(**1**) 代名詞に関する問題です。問題文は「その映画を知っている？　──うん，その映画は映画館で観たよ」という意味であることが予想されます。文末の angesehen は分離動詞 ansehen の過去分詞ですが，「映画などをじっくり観る」という際，4 格目的語の他に 3 格の再帰代名詞を添えることがよくあります。4 格目的語としては指示代名詞 den がすでに文中にあるので，空欄には 3 格の再帰代名詞が入ると予測できます。主語の ich に対する再帰代名詞の 3 格は mir なので，選択肢 **3** が正解です。なお選択肢 **4** の sich は 3 人称と敬称 2 人称の再帰代名詞 (3 格あるいは 4 格) です。[正解率 31.85%]

(**2**) 形容詞に関する問題です。問題文は「多くの単語を辞書で調べなくてはならない場合，読書は楽しくない」という意味であることが予想されます。Wörter は「単語」という意味の Wort の複数形であり，分離動詞 nachschlagen ((辞書などで) ～を調べる) の 4 格目的語です。問題の名詞句は冠詞類を伴っていないので，形容詞 viel には強変化の複数 4 格の語尾 -e が付きます。したがって選択肢 **1** の viele が正解です。[正解率 42.61%]

(**3**) 接続詞に関する問題です。問題文は「私が子どもだった (　　)，土曜日はまだ授業があった」という意味です。選択肢はいずれも従属の接続詞ですが，選択肢 **2** の Bevor (私が子どもだった前) も選択肢 **3** の Nachdem (私が子どもだった後) も後半にうまくつながりません。選択肢 **4** の Wenn は (私が子どもだったたびに) という意味になり，やはり後半にうまくつながりません。したがって選択肢 **1** の Als (私が子どもだったころ) が正解です。[正解率 54.16%]

(**4**) 関係代名詞に関する問題です。問題文は「よき隣人は，遠くに住む親戚よりも助けになる」という意味であると予想されます。まず，選択肢 **4** の wer は不定関係代名詞として候補となるようにも見えますが，wer で始まる関係文は先行詞 Verwandte (親戚たち) に係ることはできません。副文内の定形動詞が 3 人称単数の wohnt ではなく wohnen であることからも不適切であることがわかります。次に選択肢 **1** の denen (複数 3 格) と選択肢 **2** の der (男性単数 1 格または女性単数 2 格・3 格) は，いずれも定関係代名詞とみなせますが，やはり wohnen

という定形動詞の主語にはなり得ないので除外されます。したがって複数1格の定関係代名詞である選択肢 **3** の die が正解です。[正解率 45.23%]

◇この問題は12点満点（配点3点×4）で，平均点は5.22点でした。

4 ここがポイント！

＊再帰代名詞を伴う表現に習熟しよう！
＊形容詞の格変化は，強変化，弱変化，混合変化の3パターンで整理して覚えよう！
＊従属接続詞には意味が似ているものがあるので，使い分けを意識して覚えよう！
＊定関係代名詞の形は，性・数に関しては先行詞に応じて，格に関しては関係文中での役割に応じて決まることに注意しよう！

5 語彙（形容詞・分離動詞・慣用表現など）

正解 （**1**） **3** （**2**） **2** （**3**） **2** （**4**） **2**

動詞，副詞，慣用的表現に関する問題です。よく使われる言い回しに関する知識や，文脈に合わせて適切な語を選ぶ力が求められます。

（**1**） 問題文は「私のスマートフォンを見なかった？ ――いいえ。（　　）したの？」という意味です。最初の文の問いかけから，質問した人は自分のスマートフォンを探していることがわかります。後半の文は haben を助動詞とする完了形で，es は中性名詞 Smartphone を指す人称代名詞4格で目的語だと予測できます。この状況に合う意味の動詞の過去分詞を選ばなければなりません。選択肢 **1** は verbieten（～を禁止する），選択肢 **2** は verlassen（～を立ち去る），選択肢 **3** は verlieren（～をなくす），選択肢 **4** は verstehen（～を理解する）の過去分詞です。したがって正解は選択肢 **3** となります。選択肢 **2** を選んだ解答が35.87%ありました。[正解率 42.69%]

（**2**） 問題文は「私はいくつか情報を必要としています。（　　）あなたに少し質問したいのですが」という意味です。二つの文の関係から，第2文の「質問したい」という希望に対して，第1文はその理由を述べている，したがって空欄には「だから」を意味する語が入ると予測できます。つまり選択肢 **2** の deshalb が正解です。選択肢 **1** の denn（というのは）を選んだ解答が 43.48% ありました。denn は理由を述べる文の前に置かれる語ですが，後半「あなたに少し質問したい」は前半「私はいくつか情報を必要としています」の理由とはみなせません。さらに denn の後には定動詞が第 2 位に置かれる主文が来るので，定動詞 möchte の直前の（　　）に denn はふさわしくありません。［正解率 39.72%］

（**3**）問題文は「そのパスポートはまだ少なくとも 6 ヶ月間（　　）です」という意味です。選択肢から（　　）には形容詞を入れることがわかります。「まだ少なくとも 6 ヶ月」とあることから、問題文は，パスポートの期限について述べていると予測できます。選択肢 **1** の fertig は「終わった」，選択肢 **2** の gültig は「有効な」，選択肢 **3** の regelmäßig は「規則通りの」，選択肢 **4** の volljährig は「成人した」という意味です。したがって，「有効な」という意味を持つ選択肢 **2** が正解です。［正解率 26.33%］

（**4**）問題文は「いつ列車の運転は再開するのですか？ ——申し訳ありませんが，今のところ，それについてあなたに（　　）を与えることができません」という意味です。選択肢は Kunft という語にそれぞれ異なる前つづりがついた名詞で，選択肢 **1** の Ankunft は「到着」，選択肢 **2** の Auskunft は「情報，案内」，選択肢 **3** の Herkunft は「由来」，選択肢 **4** の Zukunft は「未来」という意味です。動詞は geben（与える）で，否定の冠詞 kein があることから，文の内容と照らし合わせて，「情報を与えることができない」という意味だと予測できます。したがって「情報，案内」の意味を持つ選択肢 **2** が正解です。選択肢 **1** を選んだ解答が 35.96% ありました。［正解率 28.17%］

◇この問題は 12 点満点（配点 3 点×4）で，平均点は 4.11 点でした。

5 ここがポイント！

＊名詞を覚える際には，特定の結びつきで使われる動詞もチェックしておこう！
＊単語の意味だけではなく，文法や文脈にも注目して正解を導き出そう！
＊元になる語は同じなのに，前についた前つづりで意味が変わる！ 派生語を覚えよう！

6 手紙文理解

正 解　(1)　4　(2)　1　(3)　3, 4 (順不同)

メールの内容を正しく理解できるかどうかを問う問題です。ドイツ語のメールは，手紙に準じた形式が一般的ですが，友人同士の間ではもちろん，あまり形式張る必要はありません。以下は，問題で使用されたテキストの日本語訳です。

やあ，アスカ，

新年おめでとう！ あなたたちのところに招待してくれて，改めてありがとう！ 本当に楽しかった。

このメールと一緒にあなたのドイツ語作文を添削したものを送るね。これで大丈夫だといいんだけど。これを添削するのは（ **A** ）大変だったよ。内容がとても難しいし，私があまり詳しくないことだから。でも全体的にはとてもよく書けていた。いくつか細かいところだけ直したよ。

私も後で，この前日本語で書かなくてはならなかった作文を送るね。まだやらなくてはならないことがいくつかあるとは思うけど，時間があるときに添削してくれたらうれしいな。1 月 15 日までに必要なの。ではお願いね！

よろしく
リーザ

テキストは，リーザが友人のアスカに宛てたメールの文面です。第 1 段落では新年の挨拶と先日の招待へのお礼が述べられています。第 2 段落からが本題で，まずはアスカのドイツ語作文に対するコメントが述べられています。次に第 3 段落では，自身の日本語作文についての添削依頼がなされています。この問題では，文脈的に適切な語を選択できるかどうか，文意を正確に理解できるかどうか，テキストの内容を正しく把握できるかどうかが問われています。

(**1**) は，空欄 (**A**) に入る適切な副詞か形容詞を選ぶ問題であり，文脈から適切な語彙を判断する力が求められています。空欄 (**A**) を含む文は，「これを添削するのは部分的に大変だったよ」という意味であることが予想されます。後続の文における「でも全体的にはとてもよく書けていた」(Im Großen und Ganzen war es aber sehr gut geschrieben) という対比的な言い方がヒントとなります。したがって選択肢 **4** の teilweise (部分的に) が正解です。なお消去法を用いても正解が導けます。選択肢 **1** の glücklicherweise (幸運にも) ではつながりが不自然になってしまいます。選択肢 **2** の kürzlich（最近）では意味が通りません。選択肢 **3** の neulich（先日）でも同様です。［正解率 26.07%］

(2) は，下線部 **(B)** の言い換えとして適切なものを選ぶ問題です。三つの選択肢の意味は以下の通りです。

1 内容が非常に難しかったし，私はそれについて多くを知っているわけではないから。

2 内容が非常に難しかったし，私は悪い予感がするから。

3 内容が難しすぎて，それをまったく理解することができなかったから。

下線部 **(B)** の Ahnung は「見当，心当たり」という意味です。wenig Ahnung haben で「あまり見当がつかない」という意味になります。したがって，選択肢 **1** が正解です。なお，Ahnung には「予感」という意味もたしかにあるのですが，選択肢 **2** は下線部 **(B)** の言い換えとしては不適切です。また選択肢 **3** は，否定の程度が強すぎるので言い換えとしてはやはり不適切です。［正解率 43.57%］

(3) は，テキストの内容に合致する選択肢を選ぶ問題です。選択肢 **1** は「リーザはアスカと一緒に新年を祝いたい」という意味です。テキストでは第 1 段落で，新年の挨拶と先日の招待へのお礼が述べられていますが，「一緒に新年を祝いたい」とは述べられていないので，選択肢 **1** は不正解です。

選択肢 **2** は「リーザはアスカに回復を祈る」という意味です。テキストでは Verbesserung（修正，改善，添削）や対応する意味の verbessern という語が出てきますが，Besserung（回復）や対応する意味の bessern という語は出てきていません。したがって選択肢 **2** は不正解です。

選択肢 **3** は「リーザは，アスカの作文はよく書けていると思っている」という意味です。第 2 段落に「でも全体的にはとてもよく書けていた」（Im Großen und Ganzen war es aber sehr gut geschrieben）とあるので，選択肢 **3** は正解です。［正解率 59.58%］

選択肢 **4** は「リーザは，自分の日本語作文の間違いをアスカに修正してほしいと思っている」という意味です。テキストでは第 3 段落で添削依頼がなされているので，選択肢 **4** は正解です。［正解率 69.47%］

選択肢 **5** は「リーザは，いつまでに添削が必要か書いていない」という意味です。テキストでは第 3 段落で「1 月 15 日までに必要なの」（Ich brauche sie bis zum 15. Januar）と述べられているので，選択肢 **5** は不正解です。

◇この問題は 12 点満点（配点 3 点×4）で，平均点は 5.96 点でした。

6 ここがポイント！

＊電子メール・手紙の形式（書き出し，結び，呼びかけなどの定形表現）に慣れておこう。
＊接続詞，副詞，語順を手がかりに文の流れを掴み，書き手の考え・気持ちを理解しよう！

7 会話文理解

正解 (a) 5　(b) 4　(c) 7　(d) 1　(e) 2

空欄に適切な表現を補い，会話を完成させる問題です。選択肢に挙げられている文の意味を正しく理解するだけでなく，空欄ごとに前後の会話の流れを把握し，適切な表現を選ぶ必要があります。

内容：
アンナ：　やあ，マックス！
マックス：　ああ，アンナ！ 元気？ (**a**)
アンナ：　残念ながらその通り。一昨日まで 39 度の熱があったけど，今はもうまた元気になったよ。
マックス：　それを聞けてよかった。ところで，来週末時間はある？ トーマスとサラと一緒に，遠出する計画を立ててるんだ。(**b**)
アンナ：　本当なら行きたいんだけれど。でも，先週はほら病気だったから，たぶん来週はたくさんアルバイトしようと思っているの。だから週末は疲れ切っているかもしれないのよね。(**c**)
マックス：　ぼくたちは郊外に行くんだ，列車で約 30 分のところ。
アンナ：　(**d**) だったら一緒にいく。
マックス：　いいね！ トーマスとサラもきみのこと心配してたよ。一緒に来られるなら，2 人もきっと喜ぶよ。
アンナ：　うーん，数日前から 2 人に連絡してなかったのよね。(**e**)
マックス：　もしかしたら待ち合わせ場所については皆で一緒に話し合えたらいいだろうね。全員にメール書くから，一緒に決めよう。

1 そうなんだ。それならそんなに大変じゃないかもね。
2 そしたら 2 人には今晩メッセージ送っておくね。
3 列車に乗っていくのはお金がかかりすぎるわ。

4 一緒に行く気はない？
5 きみが先週病気だったと聞いたよ。
6 私はとっても元気よ。
7 いったいどこに行くつもりなの？
8 今から一緒に散歩に行かない？

会話は，大学生のアンナとマックスの 2 人の間で交わされているものです。会話は，2 人が体調について話すところから始まります。会話全体の流れが自然になるように選択肢を選ぶ必要があります。

(**a**) アンナに話しかけられたマックスは，アンナに対して体調を確認しつつ，(**a**) と述べています。それに対してアンナは「残念ながらその通り」と肯定する答えをした後に，熱があったことを述べています。この状況では，マックスはすでにアンナの体調がよくなかったことを知っていて，それについて述べていると予想されます。正解は選択肢 **5** の「きみが先週病気だったと聞いたよ。」です。[正解率 69.47%]

(**b**) アンナが元気になったことを聞いて安堵したマックスは，友人のトーマスとサラと遠出をすることを話し，(**b**) と述べます。それを受けたアンナは gern を伴った肯定的な返事をし，来週の予定について話します。したがって，(**b**) ではアンナを誘う発言が入るものと予想されます。正解は選択肢 **4** の「一緒に行く気はない？」です。[正解率 72.62%]

(**c**) マックスに遠出に誘われたアンナは，来週の様子について伝え，(**c**) と発言します。それを受けたマックスは「ぼくたちは郊外に行くんだ，列車で約 30 分の距離のところ」と答えます。このことから，アンナの (**c**) は行き先について確認していると予想されます。正解は選択肢 **7** の「いったいどこに行くつもりなの？」が最も適切です。[正解率 78.30%]

(**d**) 直前で行先について尋ねたアンナは，(**d**) および「だったら一緒に行く」と肯定的に発言しています。この文脈から，(**d**) は行先を聞いたアンナの評価や感想が入ると予想されます。正解は，選択肢 **1** の「そうなんだ。それならそんなに大変じゃないかもね」です。[正解率 47.94%]

(**e**) アンナが一緒に遠出することが決まった後，マックスはトーマスとサラの二人もアンナの心配をしていたことを告げます。するとアンナは「うーん，数日前から 2 人に連絡してなかったのよね」と，連絡をしてなかったことに気づき，

続けて (**e**) と述べます。それを受けたマックスはアンナに，待ち合わせ場所について決めるために全員にメールを書くことを伝えています。このことから，(**e**) では，アンナからトーマスとサラの 2 人に連絡をすることが伝えられていると予想されます。正解は選択肢 **2** の「そしたら 2 人には今晩メッセージ送っておくね」です。[正解率 60.63%]

◇この問題は 15 点満点 (配点 3 点×5) で，平均点は 9.87 点でした。

7 ここがポイント！

＊会話全体の状況と文脈をしっかり把握しよう！
＊問題箇所の発言と，その前後の発言との内容的なつながりを確認しよう！
＊会話の中では過去のことは現在完了形で表されることが多いので，頻出する動詞については過去分詞形も学習しておこう！

8 テキスト理解 (内容合致)

正 解　**2, 3, 4, 7** (順不同)

一定の長さのまとまったテキストを読み，内容を正しく理解できるかどうかを問う問題です。テキストは オンライン版《ZDF》の記事 „Studie der DLRG: Immer mehr Kinder können nicht schwimmen“ (2023 年 3 月閲覧) を出題用にアレンジしたものです。

内容:

あなたは泳ぐことができますか？ ドイツではますます多くの子どもたちが泳げなくなっている。それを示したのはドイツライフセービング協会 (DLRG) の研究だ。

基礎学校の年代のうち泳げない子どもの数は，過去 5 年間で倍増した。2017 年に基礎学校の生徒で泳げない子どもの割合は 10% だった。しかし 2022 年には，6 歳から 10 歳までの子どもの約 20% が泳げなくなった。

だが DLRG によれば，現実には 10 人中 6 人 (58%) の子どもたちが，基礎学校の終わりにはまだ上手に泳げないという。たしかに子ども向けの初心者コース Seepferdchen があるが，多くの親はこのコースだけでは泳ぐのに不十分であることを知らない。

泳げない子どもが多い理由の一つは，新型コロナウィルスの大流行である。

この間プールは閉鎖され，子どもたちは泳ぎ方を学ぶ機会がなかった。

また調査によると，泳げない子どもは貧しい家庭に多い。月収が 2500 ユーロ未満の家庭の子どもの半数が泳げないのに対し，月収が 4000 ユーロ以上の家庭ではわずか 12% にすぎない。

「すべての子どもが基礎学校修了までに確実に泳げるようにしなければなりません」と DLRG の会長は警告する。水泳は読み書きと同じように学ばなければならない，と彼女は確信している。

【語彙】 Studie: 研究論文　Nichtschwimmer: 泳げない人（Nicht- は名詞に付けて否定を意味する） verdoppeln: 倍増する　Anteil: 割合　Forschung: 研究，調査　Einkommen: 収入　dahin: そういう事態へ，そのような方向へ　warnen: 警告する　Überzeugung: 確信

選択肢 **1**「ドイツでは上手に泳げる子どもがますます増えている」は冒頭に書かれている内容と合致しないため，不正解です。文中では nicht によって können ... schwimmen が否定されていますから，増えているのは泳げない子どもたちです。選択肢 **2** は，第 2 段落で「2017 年には基礎学校の生徒で泳げない子どもの割合は 10% だった」と述べられている文と合致するので正解です。［正解率 95.98%］ 選択肢 **3** は正解です。「DLRG によれば，基礎学校修了時の子どもの約 6 割はまだ上手には泳げない」という文は，第三段落目の冒頭で述べられている内容とほぼ合致します。［正解率 95.89%］ 続く選択肢 **4** も正解です。第 3 段落の後半で，子ども向けの初心者コース Seepferdchen について「多くの親はそれだけでは泳ぐのに不十分であることを知らない」と述べられていることから，「多くの親は子どもたちには Seepferdchen という水泳の初級コースで十分だと思っている」と導き出せます。［正解率 48.73%］ 選択肢 **5** は，第 4 段落で新型コロナウィルスの流行下で「プールが閉鎖され，子どもたちは泳ぎ方を学ぶ機会がなかった」と述べられている内容と合致しないため，不正解です。「研究によれば，子どもが泳げるかどうかは月々の世帯収入と関係がない」という選択肢 **6** は，第 5 段落の冒頭で「泳げない子どもは貧しい家庭に多い」と述べられている内容と合致しません。したがって不正解です。選択肢 **7** は，泳げない子どもの割合は「月収が 4000 ユーロ以上の家庭ではわずか 12% にすぎない」と述べられている内容に合致するため，正解です。［正解率 81.01%］ 選択肢 **8** は，第 6 段落後半で，DLRG の会長が「子どもたちは読み書きと同じように」泳ぐことを学ぶべきだと主張している内容と合致しません。したがって不正解です。

◇この問題は 12 点満点 (配点 3 点×4) で，平均点は 9.65 点でした。

8 ここがポイント！

＊数字が多く出てくる文章では，何についての数字なのかを落ち着いて把握する必要がある。焦らずにじっくり読んでみよう！

＊時事的な話題や日々の生活に関わる知識がテキストを読み解く上で助けになることがある。普段からさまざまな情報やニュースに接し，知識を有効に活用しよう！

【聞き取り試験】

第1部 会話の重要情報の聞き取り

正解 （1） **2** （2） **3** （3） **2**

放送された会話を聞き，質問に対する答えとして最も適切な選択肢を選ぶ問題です。質問と選択肢は「解答の手引き」に記載されています。質問に関わる内容を正しく聞き取る力が求められます。

放送 問題 **1**

A: Hallo, Leon. Was machst du jetzt?

B: Hallo, Marie. Ich gehe ins Kino. Ich möchte den neuen Film von Wim Wenders sehen. Der läuft ab heute!

A: Kann ich mitkommen? Heute habe ich nichts vor. Wann fängt er denn an?

B: Um halb drei. Schön, dann gehen wir zusammen.

内容:

A: やあ，レオン。今何してるの？

B: やあ，マリー。映画館に行くんだよ。ヴィム・ヴェンダーズの新しい映画を見たいんだ。今日から公開なんだよ。

A: 私も一緒に行っていい？ 今日は何も予定がないの。映画は何時に始まるの？

B: 2時半だよ。いいね，じゃあ一緒に行こう。

質問文 Wann fängt der Film an?

質問文は「映画は何時に始まりますか？」という意味です。会話では，話者 **A** から話者 **B** に，何をするのかを質問するところから始まります。話者 **B** は今日から始まる映画を観るために映画館に行くことを告げ，話者 **A** も一緒に行くことになるという内容です。聞き取りの鍵になるのは，12時間制の時刻表現を聞き取ることです。話者 **A** の発言に「halb drei (2時半)」という表現があります。したがって，正解は選択肢 **2** です。［正解率 63.52%］

放送 問題 **2**

A: Hallo, Jan. Was hast du in den Ferien gemacht?

B: Im August haben mich meine Eltern von Österreich besucht und wir sind zusammen nach Kyoto gefahren.

A: Oh, da hast du bestimmt einige Sehenswürdigkeiten besucht, oder?

B: Ja, wir haben viele Tempel und Schreine gesehen.

内容:

A: やあ，ヤン。休暇中は何をしたの？

B: 8月にはオーストリアから両親が来てくれて，一緒に京都に行ったよ。

A: あら，それならきっといくつかの観光名所を訪れたんじゃない？

B: うん，たくさんのお寺や神社を見たよ。

質問文 Was hat Jan in Kyoto gesehen?

質問文は「ヤンは京都で何を見ましたか？」という意味です。選択肢 **1** は「彼は家族と一つの神社のみ見た」，選択肢 **2** は「彼は家族といくつかのお寺と神社を見た」，選択肢 **3** は「彼は家族とたくさんのお寺と神社を見た」，選択肢 **4** は「彼は家族とお寺を見なかった」という意味です。話者 **B** の最後の発言には viele (たくさんの) という語が含まれています。したがって，正解は選択肢 **3** です。[正解率 98.34%]

放 送 問題 **3**

A: Julia, alles klar für dein Referat morgen?

B: Ja, ich bin gut vorbereitet.

A: Stimmt, seit ein paar Tagen sehe ich dich oft in der Bibliothek. Worüber redest du denn?

B: Ich halte einen Vortrag zur Umweltpolitik mit dem Schwerpunkt Recycling. Da vergleiche ich einige europäische Länder wie Schweden, Norwegen und Deutschland miteinander.

内容:

A: ユーリア，明日の発表は大丈夫？

B: ええ，十分に準備したよ。

A: そうだね，この数日間きみがよく図書館にいたのを見たよ。何について話すの？

B: 環境政策について話すんだけど，特にリサイクルに重点を置いた発表をするの。スウェーデン，ノルウェー，そしてドイツといったヨーロッパの国をそれぞれ比較するのよ。

質問文 Was ist das Thema von Julias Referat?

質問文は「ユーリアの発表のテーマは何でしょうか?」という意味です。選択肢 **1** は「州政策」，選択肢 **2** は「環境政策」，選択肢 **3** は「世界政策」，選択肢 **4** は「経済政策」です。発表のテーマについて尋ねた話者 **A** に対する話者 **B** の発言中に「Umweltpolitik（環境政策）」という語があります。したがって，正解は選択肢 **2** です。［正解率 70.69%］

◇第 1 部は 12 点満点（配点 4 点×3）で，平均点は 9.30 点でした。

第1部 ここがポイント！

＊数詞や時間表現，曜日などの重要な情報を注意深く聞き取ろう！
＊会話を聞き取る場合は，背景となる場面をイメージして，内容理解に努めよう！
＊「解答の手引き」に記されている選択肢によく目を通して，問題になる事柄を正確に聞き取れるようにしよう！

第2部 テキスト内容の理解

正解 **(4) 2　(5) 2　(6) 3**

放送されたテキストと質問を聞き，その答えとして最も適した絵を選ぶ問題です。イラストに描かれている情報を手がかりに，テキスト全体のうち質問に関連する情報を正しくとらえることが求められます。

放送 問題 **4**

Familie Winter überlegt, was sie im Urlaub macht. Aber alle möchten etwas anderes machen. Der Vater möchte gern in den Bergen wandern. Das findet die Mutter aber anstrengend. Sie möchte lieber ans Meer fahren und am Strand in der Sonne liegen. Der Sohn möchte keine Reise machen. Er möchte zu Hause bleiben und den ganzen Tag Computerspiele spielen. Ob die Familie eine Lösung findet?

内容:

ヴィンター家は休暇をどう過ごすか考えている。しかし，全員が別のことをしたいのだ。父親は山歩きがしたい。しかし母親はそれはきついと思っている。彼女はむしろ海へ行って，浜辺で日光浴がしたい。息子は旅行がしたくない。

彼は家に留まり，一日中コンピューターゲームをしたいと思っている。はたして家族は解決策を見つけられるだろうか？

質問文 Wo möchte die Mutter Urlaub machen?

質問文は「母親はどこで休暇を過ごしたいと思っているでしょうか？」という意味です。選択肢 **1** では山の景色，選択肢 **2** では海辺の景色，選択肢 **3** ではリビングルームが描かれています。放送されたテキストでは，母親について，Sie möchte lieber ans Meer fahren und am Strand in der Sonne liegen.（彼女はむしろ海へ行って，浜辺で日光浴がしたい）と述べられています。したがって正解は，選択肢 **2** です。［正解率 71.48%］

放 送 問題 **5**

Hallo, mein Name ist Laura. Ich suche ein Geburtstagsgeschenk für unsere Oma. Vor zwei Jahren haben wir ihr einen Pullover geschenkt. Letztes Jahr hat sie von uns eine neue Brille bekommen. Wie wäre es, wenn wir ihr dieses Jahr ein Kochbuch schenken? Sie kocht ja gern.

内容：

こんにちは，私はラウラと言います。祖母のための誕生日プレゼントを探しています。2 年前にはみんなでセーターを贈りました。昨年は新しい眼鏡をあげました。今年は料理本をプレゼントするのはどうかしら？ 祖母は料理が好きだから。

質問文 Was hat Laura ihrer Oma letztes Jahr geschenkt?

質問文は「ラウラは祖母に昨年何をプレゼントしましたか？」という意味です。選択肢 **1** はセーター，選択肢 **2** は眼鏡，選択肢 **3** は料理本が描かれています。放送では Letztes Jahr hat sie von uns eine neue Brille bekommen.（昨年は新しい眼鏡をあげました）と述べられています。したがって，正解は選択肢 **2** です。［正解率 52.41%］

放 送 問題 **6**

Frau Pohl ist sehr aktiv. Am Montag und Mittwoch geht sie nach der Arbeit im Park joggen. Am Dienstag macht sie einen Yogakurs. Freitags geht sie gern mit ihren Freundinnen aus. Aber sie braucht auch etwas Ruhe. Am Donnerstag bleibt sie abends meistens zu Hause und liest gern Romane. Das ist für sie eine gute Entspannung.

内容：

ポールさんはとてもアクティヴです。月曜日と水曜日は仕事の後公園でジョギングをします。火曜日はヨガの講座に出ています。金曜日は女性の友達と出かけます。しかし，彼女には休息も必要です。木曜日の晩はたいてい家に留まり，小説を読むのが好きです。それは彼女にとってよい息抜きです。

質問文　Was macht Frau Pohl am Donnerstagabend?

質問文は「ポールさんは木曜日の晩は何をしますか？」という意味です。選択肢 **1** はジョギングをしている女性の姿，選択肢 **2** はヨガをしている女性の姿，選択肢 **3** は読書をしている女性の姿が描かれています。放送では Am Donnerstag bleibt sie abends meistens zu Hause und liest gern Romane.（木曜日の晩はたいてい家に留まり，小説を読むのが好きです）と述べられているので，正解は選択肢 **3** です。［正解率 94.75%］

◇この問題は 9 点満点（配点 3 点×3）で，平均点は 6.56 点でした。

第 2 部　ここがポイント！

＊聞き取る際，イラストなどの視覚情報がある場合はそれを活用しよう！

＊話の流れを追った上で，指示表現が指している内容に注意を向けよう！

第 3 部　やや長い会話文の聞き取りと記述

正解　**(7)　18　　(8)　Schwarz　　(9)　34　　(10)　schön**

放送された会話と質問を聞き，解答用紙の空欄に適切な語または数字を記入することにより，答えの文を完成させる問題です。問題 **(7)** **(9)** では数詞を，問題 **(8)** **(10)** では会話に出てくるキーワードを聞き取ります。「解答の手引き」および解答用紙に記載されている表現を確認した上で補うべき情報を正しく聞き取る力が求められます。放送された会話は，友人であるエーリカ（女性）とミヒャエル（男性）との間で交わされています。

放送

A:　Sieh mal, Michael! Da ist ein Museumsshop. Wollen wir mal kurz reinschauen?

B:　Wie lange ist der denn noch auf?

A:　Bis 18:00 Uhr.

B: Willst du etwas kaufen, Erika?

A: Ja, für meine Schwester. Sie mag Kunst.

B: Hier gibt es ja alles Mögliche: Postkarten, Schreibwaren, Tassen, Handtücher, T-Shirts... Oh, sogar Regenschirme. Hast du schon eine Idee?

A: Vielleicht eine Tasse oder ein T-Shirt?

B: Wie wäre es mit diesem grünen T-Shirt?

A: Grün? Sie mag lieber Schwarz.

B: Hm... Hier ist ein schwarzes T-Shirt.

A: Das ist cool. Wie viel kostet das? Oh, 34 Euro ist mir etwas zu teuer.

B: Wie wäre es mit einer Tasse? Hier gibt es eine schwarze Tasse.

A: Na ja, so hübsch ist die ja nicht.

B: Findest du? Na gut. Da drüben gibt es auch Tragetaschen. Wie findest du diese schwarze mit dem Rembrandt-Gemälde?

A: Die finde ich schön. Die gefällt ihr sicher! Wie teuer ist die denn?

B: 20 Euro.

A: Das geht. Die nehme ich.

内容:

A: 見て、ミヒャエル！ ミュージアムショップよ。ちょっと覗いて行かない？

B: いつまで開いているの？

A: 18時まで。

B: 何か買うの，エーリカ？

A: そう，妹（姉）に。彼女，芸術好きだから。

B: ここにはいろんなものがあるね，絵はがき，筆記具，カップ，ハンカチ，Tシャツ…おや、傘まである。何を買うかアイデアはあるの？

A: そうね，カップかTシャツかな？

B: このグリーンのTシャツはどう？

A: グリーン？ 妹（姉）はむしろ黒が好きなの。

B: うーん…黒いTシャツがここにあるよ。

A: それ素敵ね。値段はいくら？ わあ，34ユーロはちょっと高いな。

B: カップは？ 黒いカップがあるよ。

A: そうねぇ，それは見た目があまりよくないな。

B: そう？ まあ，そうだね。向こうに布バッグもあるよ。このレンブラントの絵画がプリントされた布バッグはどう？

A: それ素敵だね。これならきっと妹（姉）も気に入る！ それはいくら？

B: 20 ユーロ。

A: オッケー。それにする。

放 送 問題 **7**

質問文: Wann schließt der Museumsshop?

問題文: Er schließt um □□：00 Uhr.

質問文は「ミュージアムショップはいつ閉店しますか?」, 問題文は「それ（ミュージアムショップ）は □□：00 分に閉店します」という意味です。会話の中で, エーリカ (**A**) が Da ist ein Museumsshop.（ミュージアムショップよ）とミヒャエル (**B**) に呼びかけ, それに対してミヒャエル (**B**) が Wie lange ist der denn noch auf?（いつまで開いているの？）と応じています。der は Museumsshop を指す指示代名詞男性 1 格です。それに対してエーリカ (**A**) が Bis 18：00 Uhr.（18 時まで）と答えていますから, ミュージアムショップは 18 時に閉店することがわかります。したがって正解は **18** です。[正解率 77.08%]

放 送 問題 **8**

質問文: Welche Farbe mag Erikas Schwester?

問題文: Sie mag ＿＿＿.

質問文は「エーリカの妹（姉）は何色が好きですか?」, 問題文は「彼女は ＿＿＿ が好きです」という意味です。会話の中で, ミヒャエル (**B**) が Wie wäre es mit diesem grünen T-Shirt?（このグリーンの T シャツはどう ?）と尋ね, エーリカ (**A**) が Grün? Sie mag lieber Schwarz.（グリーン？ 妹（姉）はむしろ黒が好きなの）と答えているので, 正解は **Schwarz** です。Kunst と答えた解答が多く見られました。会話の中で, たしかに Sie mag Kunst.（彼女は芸術が好きだ）と述べられていますが, 疑問文は Farbe（色）について質問しているので, Kunst は解答としてふさわしくありません。また小文字で schwarz と答えた解答も多く見られました。たしかに形容詞の schwarz もありますが, ここでは mögen の目的語＝名詞 Schwarz（黒色）, と語頭大文字で答えなければなりません。[正解率 14.56%]

放 送 問題 **9**

質問文: Wie viel kostet das T-Shirt?

問題文: Es kostet □□ Euro.

質問文は「そのTシャツはいくらですか？」，問題文は「それは □□ ユーロです」という意味です。会話の中で，ミヒャエル（**B**）が Hier ist ein schwarzes T-Shirt.（ここに黒いTシャツがあるよ）と述べ，それを受けてエーリカ（**A**）が Das ist cool. Wie viel kostet das? Oh, 34 Euro ist mir etwas zu teuer.（それ素敵ね。いくら？ わあ、34 ユーロはちょっと高いな）と述べているので，Tシャツの値段は 34 ユーロだと判断できます。したがって，正解は **34** です。［正解率 66.14%］

放送 問題 **10**

質問文: Wie findet Erika die Tragetasche mit dem Rembrandt-Gemälde?

問題文: Sie findet die Tragetasche ______.

質問文は「エーリカはレンブラントの絵画がプリントされた布バッグをどう思いますか？」，問題文は「彼女はその布バッグを ______ と思います」という意味です。会話の中で，ミヒャエル（**B**）が Wie findest du diese schwarze mit dem Rembrandt-Gemälde?（このレンブラントの絵画がプリントされた布バッグはどう？）と質問し，それに答えてエーリカ（**A**）が Die finde ich schön.（それ素敵だね）と述べています。die は Tragetasche を指す指示代名詞女性 4 格です。したがって，正解は **schön** です。schön の sch が sh とつづられた解答が多く見られました。［正解率 38.45%］

◇この問題は 16 点満点（配点 4 点×4）で，平均点は 7.85 点でした。

第3部 ここがポイント！

＊数は正確に聞き取ろう！
＊基本語彙は正確につづることができるよう普段から意識してしっかり覚えよう！

2023 年度ドイツ語技能検定試験結果概要
年度別結果比較

2023 年度ドイツ語技能検定試験
結 果 概 要

夏　期 ——5 級 4 級 3 級 2 級試験——

（筆記・聞き取り試験　2023 年 6 月 25 日実施）

出願者総数:　3,204 名
実数:　2,801 名

	出願者	受験者	合格者	合格率	合格最低点	平均点
5 級	542	474	454	95.78%	60.18	85.10
4 級	918	786	544	69.21%	60.26	68.93
3 級	1,073	921	605	65.69%	61.03	67.40
2 級	671	584	258	44.18%	60.42	58.41

1）出願者実数を除き，すべての数字は併願者を含む。
2）成績優秀者は 3 位まで表彰する。
3）試験場 (22 会場；* 印は非公開)：
東北大学　富山大学　信州大学　都留文科大学*　獨協医科大学
獨協大学　学習院大学　成蹊大学　創価大学　武蔵大学
日本大学国際関係学部　名古屋港ポートビル　京都外国語大学
立命館宇治高等学校*　関西大学　岡山大学　広島大学
香川大学　松山大学　福岡女子大学　長崎外国語大学*　鹿児島大学

冬　期 ──全級試験──

一次試験　(筆記・聞き取り試験　2023 年 12 月 3 日実施)

出願者総数:　4,726 名
実数:　4,076 名

	出願者	受験者	合格者	合格率	合格最低点	平均点
5 級	490	418	388	92.82%	61.06	81.91
4 級	1,371	1,194	642	53.77%	60.26	61.32
3 級	1,384	1,143	460	40.24%	60.29	56.19
2 級	870	717	283	39.47%	60.42	55.64
準 1 級	428	356	128	35.96%	57.41	53.29
1 級	183	154	19	12.34%	60.00	45.52

1)　出願者実数を除き，すべての数字は併願者，一次試験免除者を含む。
2)　5 級，4 級，3 級，2 級は一次試験合格者が最終合格者となる。
成績優秀者は 3 位まで表彰する。
3)　試験場 (24 会場；＊印は非公開)：
北海学園大学　東北大学　新潟大学　金沢大学
群馬大学　信州大学　都留文科大学*　学習院大学
武蔵大学　立教大学　慶應義塾大学　日本大学国際関係学部
名古屋港湾会館　関西学院大学　奈良女子大学*
島根大学　広島大学　愛媛大学　福岡大学　長崎外国語大学
大分県立芸術文化短期大学　熊本大学　鹿児島大学　琉球大学

二次試験　(口述試験　2024 年 1 月 28 日実施)

受験有資格者:　準 1 級　128 名
1 級　19 名

	受験者	合格者	合格率	対一次受験者合格率
準 1 級	121	97	80.17%	27.25%
1 級	18	15	83.33%	9.74%

1)　すべての数字は併願者，一次試験免除者を含む。
2)　二次試験不合格者のうち，一次試験の高得点者には，次年度に限り一次試験免除の特典を与える。本年度は準 1 級 2 名，1 級該当者なし。
3)　準 1 級，1 級の成績優秀者は，一次試験と二次試験の得点の合計により順位を決定し，3 位まで表彰する。
4)　試験場：大妻女子大学　関西学院大学　福岡大学
オンライン会議システム Zoom

■ 5 級 ■

年度	夏期試験 出願者	受験者	合格者	合格率	合格最低点	平均点	冬期試験 出願者	受験者	合格者	合格率	合格最低点	平均点
2009	468	395	373	94.43%	74.29	90.06	1053	931	839	90.12%	76.47	89.45
2010	544	484	444	91.74%	76.47	88.70	1284	1169	988	84.52%	65.71	78.31
2011	707	626	586	93.61%	74.29	88.47	1053	959	844	88.01%	73.53	85.72
2012	780	696	633	90.95%	74.29	86.92	912	821	707	86.11%	67.65	80.96
2013	746	657	573	87.21%	70.59	83.90	1066	936	802	85.68%	67.65	79.50
2014	816	716	633	88.41%	73.53	85.44	1038	931	790	84.85%	72.22	83.21
2015	888	791	690	87.23%	72.22	85.82	1079	968	854	88.22%	72.22	85.78
2016	705	629	559	88.87%	75.00	86.76	1141	1006	906	90.06%	61.11	80.36
2017	742	667	632	94.75%	61.11	83.81	1071	941	887	94.26%	61.11	83.73
2018	752	659	635	96.36%	61.11	86.42	903	785	772	98.34%	61.11	87.93
2019	748	663	653	98.49%	61.11	89.82	829	711	683	96.06%	61.61	83.38
2020	―						561	431	419	97.22%	61.61	89.65
2021	558	476	466	97.90%	60.18	88.91	489	408	402	98.53%	61.95	89.86
2022	550	473	461	97.46%	61.06	88.32	500	423	405	95.74%	61.06	84.64
2023	542	474	454	95.78%	60.18	85.10	490	418	388	92.82%	61.06	81.91

■ 4 級 ■

年度	夏期試験 出願者	受験者	合格者	合格率	合格最低点	平均点	冬期試験 出願者	受験者	合格者	合格率	合格最低点	平均点
2009	1636	1415	1047	73.99%	60.54	71.45	3500	3133	2102	67.09%	60.00	66.43
2010	1769	1551	1151	74.21%	60.00	70.46	3455	3163	2095	66.23%	60.00	65.75
2011	1616	1427	1129	79.12%	60.00	72.01	3206	2923	2270	77.66%	60.00	71.87
2012	1664	1464	1102	75.27%	60.00	71.91	3267	2992	1625	54.31%	54.00	56.58
2013	1583	1381	882	63.87%	60.00	65.46	3172	2851	1765	61.91%	58.67	64.67
2014	1444	1260	1051	83.41%	60.00	73.79	3013	2759	1911	69.26%	60.00	68.64
2015	1546	1335	1035	77.53%	60.00	72.51	3172	2831	1920	67.82%	60.00	67.79
2016	1466	1285	940	73.15%	60.00	69.69	2748	2443	1771	72.49%	60.26	67.29
2017	1460	1279	958	74.90%	60.26	70.42	2597	2296	1327	57.80%	60.26	63.11
2018	1445	1233	827	67.07%	60.26	67.58	2513	2240	1513	67.54%	60.26	67.42
2019	1411	1222	963	78.81%	60.26	73.02	2450	2140	1628	76.07%	60.26	72.29
2020	―						1256	970	730	75.26%	60.26	72.57
2021	978	810	612	75.56%	60.26	71.17	1533	1351	893	66.10%	60.26	67.00
2022	1001	839	608	72.47%	60.26	70.92	1415	1180	796	67.46%	60.26	67.18
2023	918	786	544	69.21%	60.26	68.93	1371	1194	642	53.77%	60.26	61.32

■ 3 級 ■

年度	夏期試験 出願者	受験者	合格者	合格率	合格最低点	平均点	冬期試験 出願者	受験者	合格者	合格率	合格最低点	平均点
2009	2111	1838	970	52.77%	62.68	63.76	2632	2266	1163	51.32%	66.20	66.12
2010	2112	1822	954	52.36%	60.56	62.56	2686	2359	1229	52.10%	54.23	55.28
2011	1985	1724	904	52.44%	62.68	63.39	2663	2304	1201	52.13%	58.27	59.29
2012	2210	1920	1056	55.00%	62.59	62.97	2656	2267	1059	46.71%	51.08	51.10
2013	2038	1726	943	54.63%	56.12	57.85	2507	2149	1124	52.30%	53.24	54.16
2014	1921	1622	871	53.70%	55.40	56.96	2474	2133	1186	55.60%	63.24	64.63
2015	1901	1639	896	54.67%	60.29	62.04	2779	2346	1184	50.47%	52.21	53.05
2016	1942	1671	875	52.36%	52.21	53.67	2494	2100	1095	52.14%	55.15	56.81
2017	1808	1545	813	52.62%	59.56	59.96	2501	2096	1150	54.87%	55.15	58.17
2018	1695	1450	828	57.10%	60.29	62.32	2299	1938	1115	57.53%	57.35	59.90
2019	1515	1325	684	51.62%	57.35	58.66	2195	1865	1087	58.28%	60.29	63.23
2020	—	—	—	—	—	—	1431	1087	696	64.03%	60.29	65.88
2021	1176	954	583	61.11%	60.29	64.72	1473	1214	573	47.20%	60.29	58.86
2022	1199	981	614	62.59%	60.29	65.14	1378	1059	634	59.87%	60.29	63.94
2023	1073	921	605	65.69%	61.03	67.40	1384	1143	460	40.24%	60.29	56.19

■ 2 級 ■

年度	夏期試験 出願者	受験者	合格者	合格率	合格最低点	平均点	冬期試験 出願者	受験者	合格者	合格率	合格最低点	平均点
2009	1329	1212	628	51.82%	60.00	59.69	1634	1474	592	40.16%	55.40	51.65
2010	1259	1141	578	50.66%	57.55	57.48	1617	1456	758	52.06%	62.14	62.42
2011	1127	1008	515	51.09%	56.83	57.22	1512	1358	703	51.77%	61.43	61.64
2012	1277	1155	495	42.86%	55.00	52.58	1616	1425	608	42.67%	55.71	53.69
2013	1164	1044	479	45.88%	56.43	55.14	1485	1309	679	51.87%	62.14	62.24
2014	1105	990	431	43.54%	55.71	54.63	1534	1375	552	40.15%	55.56	53.45
2015	1132	1009	464	45.99%	57.64	56.68	1659	1468	599	40.80%	52.08	49.85
2016	1095	972	422	43.42%	60.42	58.20	1565	1340	536	40.00%	59.03	55.44
2017	1091	949	384	40.46%	55.56	53.38	1472	1257	453	36.04%	51.39	47.41
2018	1041	922	407	44.14%	55.56	53.26	1377	1192	442	37.08%	51.39	48.43
2019	980	866	375	43.30%	60.42	58.27	1235	1061	690	65.03%	65.28	70.19
2020	—	—	—	—	—	—	991	755	452	59.87%	60.42	64.64
2021	754	620	326	52.58%	60.42	61.27	930	760	334	43.95%	60.42	59.08
2022	669	556	203	36.51%	55.56	51.73	840	675	343	50.81%	60.42	60.44
2023	671	584	258	44.18%	60.42	58.41	870	717	283	39.47%	60.42	55.64

■ 準 1 級 ■

	一次試験						二次試験			
年度	出願者	受験者	合格者	合格率	合格最低点	平均点	受験者	合格者	合格率	対一次受験者合格率
1996	2112	1829	615	33.62%	70.2	61.83	593	246	41.48%	13.45%
1997	2003	1740	548	31.49%	66.4	57.96	513	237	46.20%	13.62%
1998	2090	1840	554	30.11%	72.2	64.09	540	249	46.11%	13.53%
1999	2165	1920	599	31.20%	64.9	57.06	587	248	42.25%	12.92%
2000	1976	1783	616	34.55%	73.20	66.96	603	264	43.78%	14.81%
2001	1750	1576	599	38.01%	73.00	68.20	571	274	47.99%	17.39%
2002	1830	1655	573	34.62%	62.64	57.19	554	386	69.68%	23.32%
2003	1776	1584	615	38.83%	56.40	53.08	594	460	77.44%	29.04%
2004	1973	1777	639	35.96%	58.33	53.35	621	471	75.85%	26.51%
2005	1898	1693	633	37.39%	58.13	53.63	622	479	77.01%	28.29%
2006	1887	1676	572	34.13%	50.59	45.76	559	445	79.61%	26.55%
2007	1706	1504	545	36.24%	56.21	51.70	537	442	82.31%	29.39%
2008	992	914	355	38.84%	60.36	57.36	347	271	78.10%	29.65%
2009	1034	934	344	36.83%	56.14	52.02	333	265	79.58%	28.37%
2010	967	880	350	39.77%	60.36	56.52	336	257	76.49%	29.20%
2011	929	847	325	38.37%	55.03	52.18	319	242	75.86%	28.57%
2012	926	829	316	38.12%	53.89	50.54	309	260	84.14%	31.36%
2013	885	792	305	38.51%	52.69	49.61	297	245	82.49%	30.93%
2014	820	751	244	32.49%	51.53	46.56	238	207	86.97%	27.56%
2015	833	753	290	38.51%	54.60	51.52	286	230	80.42%	30.54%
2016	832	760	321	42.24%	60.12	56.63	316	273	86.39%	35.92%
2017	771	683	248	36.31%	52.15	48.16	242	206	85.12%	30.16%
2018	661	583	227	38.94%	58.90	54.79	213	174	81.69%	29.85%
2019	612	538	200	37.17%	58.28	54.41	194	157	80.93%	29.18%
2020	434	316	107	33.86%	53.37	49.21	102	83	81.37%	26.27%
2021	447	385	126	32.73%	58.90	53.47	119	101	84.87%	26.23%
2022	416	349	129	36.96%	53.99	50.70	123	109	88.62%	31.23%
2023	428	356	128	35.96%	57.41	53.29	121	97	80.17%	27.25%

■ 1級 ■

年度	出願者	受験者	合格者	合格率	合格最低点	平均点	受験者	合格者	合格率	対一次受験者合格率
	一次試験						二次試験			
1996	306	270	55	20.37%	73.0	56.37	54	37	68.52%	13.70%
1997	317	286	42	14.69%	72.9	54.60	41	28	68.29%	9.79%
1998	283	256	32	12.50%	62.5	48.16	30	18	60.00%	7.03%
1999	280	258	48	18.60%	63.1	49.95	48	36	75.00%	13.95%
2000	259	238	70	29.41%	73.12	63.97	68	39	57.35%	16.39%
2001	279	250	61	24.40%	73.02	62.47	57	38	66.67%	15.20%
2002	289	269	59	21.93%	68.28	55.38	58	39	67.24%	14.50%
2003	300	284	84	29.58%	70.29	61.04	82	57	69.51%	20.07%
2004	352	323	58	17.96%	60.00	46.81	57	37	64.91%	11.46%
2005	328	295	52	17.63%	60.23	46.46	46	34	73.91%	11.53%
2006	324	297	53	17.85%	60.23	46.17	53	35	66.04%	11.78%
2007	303	273	54	19.78%	63.53	51.73	53	35	66.04%	12.82%
2008	292	259	50	19.31%	61.76	48.46	46	34	73.91%	13.13%
2009	283	261	43	16.48%	60.00	47.71	42	26	61.90%	9.96%
2010	278	256	27	10.55%	59.09	42.12	26	22	84.62%	8.59%
2011	258	239	29	12.13%	60.23	43.79	28	21	75.00%	8.79%
2012	241	223	55	24.66%	63.64	53.34	55	28	50.91%	12.56%
2013	296	270	67	24.81%	70.45	58.98	67	53	79.10%	19.63%
2014	265	245	40	16.33%	60.23	46.05	39	25	64.10%	10.20%
2015	298	265	61	23.02%	60.23	49.35	60	52	86.67%	19.62%
2016	316	275	53	19.27%	60.23	50.49	52	36	69.23%	13.09%
2017	271	238	29	12.18%	60.00	43.24	28	24	85.71%	10.08%
2018	236	217	37	17.05%	60.00	48.37	36	27	75.00%	12.44%
2019	246	219	63	28.77%	62.29	53.80	63	45	71.43%	20.55%
2020	191	147	29	19.73%	60.00	49.20	29	23	79.31%	15.65%
2021	195	159	39	24.53%	60.00	50.91	39	27	69.23%	16.98%
2022	189	159	28	17.61%	60.00	47.01	27	21	77.78%	13.21%
2023	183	154	19	12.34%	60.00	45.52	18	15	83.33%	9.74%

注）1. 得点は各級とも 100 点満点に換算した数字です。
2. 準 1 級は 2008 年度からの呼称。2007 年度までの 2 級に相当します。
3. 2016 年度より春期試験→夏期試験，秋期試験→冬期試験に改称しました。

「独検」についての問い合わせ先
（公財）ドイツ語学文学振興会　**独検事務局**
112–0012 東京都文京区大塚 5–11–7–101
電話 (03) 5981–9715

独検過去問題集 2024年版〈5級・4級・3級〉

2024年4月20日　発　行

編　者　公益財団法人ドイツ語学文学振興会
発行者　柏　倉　健　介
発行所　株式会社 郁文堂
113–0033 東京都文京区本郷 5–30–21
電話［営業］03–3814–5571［編集］03–3814–5574

印刷・製本 シナノ印刷

ISBN978–4–261–07362–1